KB208157

모든 걸음에는 _____

_____ 이유가 있다

모든 걸음에는

이유가 있다

김아영 지음

북플레저

행복을 찾기 위해
캐리어를 열었다

열다섯 살 초여름의 어느 날이었다. 오후 4시, 수업이 끝나자마자 아이들은 우르르 교실을 빠져나갔다. 나는 아이들보다 5분 정도 늦게 교실을 빠져나왔다. 가로수길을 혼자 즐기기 위해서였다.

한낮의 햇살과 초록색 나뭇잎. 불어오는 바람에 머리카락이 잔잔히 흩날리고, 책가방과 등 사이에 묻은 땀이 조금씩 말랐다. 천천히 걷고 있다 보면 이상하게 기분이 느슨해졌다. 그날 저녁, 날 좋아한다는 남자애에게서 문자 메시지 한 통을 받았다. 느닷없는 질문이었다.

"너 혹시 왕따야?"

"아니, 왜?"

"매일 혼자 집에 가길래 친구가 없나 싶어서."

나는 때때로 모든 소음이 제거된 공간에 혼자 있는 것을 좋아했다. 어느 날은 하굣길에 근처 편의점에 들러, 과일 맛 아이스크림을 샀다. 집에 들어가자마자 아이스크림을 냉동실에 넣어두고, 샤워를 한 뒤 TV를 켰다. 좋아하는 드라마의 재방송을 보기 위해서.

상대 배우가 칠 대사를 입으로 나지막이 중얼거리곤 했다. 좋아하는 장면을 또 보는 게 좋았다. 시원한 아이스크림을 꺼내 먹으며, 아무도 없는 집에서 한낮을 즐겼다. 이 일과는 남은 반나절을 시작하기 위한 나만의 의식 같은 것이었다. 30분 동안 TV를 보고 나면 침대로 가서 쿠션을 등에 기대고 앉아 책을 읽었다.

주로 소설을 읽었는데, 한 줄씩 수놓듯 적힌 문장들을 읽으면 상상의 나래가 자극되면서 또 다른 공간으로 날아갈 수 있었다. 간혹 서점에 가서 베스트셀러 칸에 있는 소설들을 볼 때마다 '내가 읽은 책!' 하고 발견할 때면 마치 혼자서 도장깨기를 한 듯 묘한 뿌듯함을 느끼기도 했다. 그 시절의 나는 자유로웠다.

불행은 느닷없이 찾아왔다. 취미생활은 고등학생이 되면서 끝나게 되었다. 아침부터 밤까지 교실에 갇혀 있었다. 학교가 감옥 같았다. 아무렇지 않게 수업을 듣고 학교생활을 즐기는 친구들도 있었다. 그러나 모든 인간은 같지 않다. 나는 숨이 막혔다. '왜 여기 있어야 하지?'

야간 자율학습은 '자율'이 아니었고, 부모님 돈을 내고 듣는 보충수업은 반 강제였다. 내가 느끼기에는 비정상적이었다. 사람들은 3년만 뛰면 된다고 말했다. 남들보다 빨리 뛰어서 이기면 멋진 세상에 도착해 소설책 따위는 실컷 읽을 수 있다고 했다.

나는 이기기 위해 경주마처럼 뛰었다. 뛰려면 무거운 소설책은 모두 버려야 했다. 더 빨리 목표 지점에 도달하기 위해, 급하게 필독 도서들만 읽었다. 더 이상 책에 줄을 긋지 않았고, 페이지를 접지도 않았다. '그때까지만 참자.'

스무 살, 나는 대학생이 되었다. 학과에서 수석을 하고, 좋은 성적을 받아 가고 싶었던 학교로 편입했다. 그러나 달리는 걸 멈출 수 없었다. 치열하게 준비해 방송 기자로 입사했고, 입사한 뒤에는 경력직으로 이직했다. 항상 무언가를 끝내고 나면, 그 다음 단계가 날 기다리고 있었다.

어느덧 8년 차 기자가 됐다. 달려야 한다던 목소리들은 언제부턴가 조금씩 희미해지다가 사라졌다. 대신 나를 매일 평가하는 눈빛들이 생겼다. 잠시라도 눈을 떼면 휴대전화 메시지가 수십 개씩 쌓여 있었고, 초조한 마음으로 급하게 횡단보도를 걸었다. 엘리베이터가 빨리 오지 않으면 한숨부터 나왔다. 보폭은 커졌고, 걸음은 빨라졌다.

나는 아직도 수능 시험을 치는 꿈을 꾼다. 거기서는 늘 나는 공부를 다 끝마치지 못한 채 시험장에 들어갔다. 악몽에서 깨고 나면, 나는 다시 짐을 싸서 취재하러 현장에 나가곤 했다. 현장에선 다른 언론사 기자와 경쟁을 했다. 부서가 바뀌면 또다시 인정받기 위해, 매일 증명의 단두대 위에 올라서야 했다.

불행의 아침은 하루도 빼놓지 않고 성실하게 밝아왔고, 불면증이 찾아왔다. 한동안 약이 없으면 불안한 나날들이 이어졌다. 사람들이 "취미가 뭐예요?"라고 물으면 "글쎄요⋯. 없는 것 같아요"라고 대답했다. 소설책은 이미 15년 전에 버렸으니까.

고등학교 다닐 때 들었던 얘기는 반은 맞고 반은 틀렸다. 인생에 3년만 버리라고? 원하는 걸 얻으려면 끊임없이 버려야 한다. 그건 행복해지는 방법과 다르다. 소설책, 죠스바, 드라마, 잠시 천천히 걸으며 하루를 정리하는 시간. 누군가의 인생에서는 불필요한 것일지 모르나 내 삶에서는 필요한 것이었다. 그러나 주변에서는 나의 성공만을 축하할 뿐, 그게 필요하다고 알려주는 사람은 없었다.

문득 소설책 한 권을 들고 비행기를 탔다. 먼 곳으로 가서 눈을 감고 모든 걸 잊고 싶었다. 아무런 계획 없이, 천천히 걸어보고 싶었다. 혼자 있고 싶었다.

목차

첫 번째 걸음

잃었던 행복을 찾아서

대만에서

방황이라고 쓰고
성장이라고 읽는다

사람은 태어나서 한 번도 자신의 얼굴을 보지 못하고 죽는다. 거울 속에 비친 모습만 볼 수 있지만 그마저도 정확한 얼굴은 아니다. 마찬가지로 남의 눈에는 보이는 나의 장점을 내가 알아차리지 못할 때도 있다. 반대로 주변 사람들은 알고 있는 나의 단점을 스스로는 모르고 살아갈 때도 있다. 그러다 암초에 걸리면, 그 이유를 찾지 못해서 방황하다 비로소 이런 질문을 하게 된다. '혹시 내게 어떤 문제가 있는 걸까?'

때로는 시련이 우리의 모습을 직시하고 다듬는 과정이 되기도 한다. 작년에 대만에 갔을 때, 나는 내 자신이 권태에 빠져 있었다는 사실을 잘 모르고 있었다. 모두가 똑같이 느끼는 공허함일 거라 생각했고, 내가 유난을 떤다고 생각했다.

인간이 자신의 모습을 보지 못하는 것은 다른 사람을 더 많이 쳐다보라는 신의 뜻이 아닐까. 때로는 상대방의 슬픔을 알아차려서 어루만져주기도 하고, 때로는 자신에게 빠져 있지 말고 다른 사람의 모습을 보면서 배울 점을 찾아보라는. 여행지에서 만난 사람들의 얼굴 속에서 나는 인생의 퍼즐을 찾아나갔다.

작년에 대만 카페에 갔을 때도 그랬다. "드시지 마세요!" 가게 주인이 나를 제지했다. 아차 싶었다. 아까 주인이 내게 마시지 말라고 했는데, 컵이 나오자 그걸 잊고 자연스레 손을 뻗었다. "마시는 법을 설명해드릴게요. 그때 드시면 돼요." 내가 끄덕였다.

"이 커피는 딱 세 번만에 드셔야 해요."

"세 번이요?"

"커피는 충분한 양을 마셔야 향을 잘 느낄 수 있어요. 조금씩 드시게 되면, 향도 조금만 맡게 되거든요. 첫 입을 마시고 나면, 저를 기다려주세요."

일리가 있다. 내 앞에는 소주잔 두 개 크기의 잔이 놓여 있다. 고개를 끄덕인 뒤 한 모금 크게 마셨다. "크으~" 감탄이 절로 나왔다. 이게 무슨 커피죠?" "메뉴판에 있는 'number 3'예요" 뒤를 돌아봤다. 칠판에 적힌 3번 원두의 이름은 'San Carlos geisha'.

내가 처음 가게에 들어왔을 땐 다른 손님이 있었다. "아, 잠깐만요. 이 분들에게 메뉴 설명 끝내고 바로 갈게요." 나야 급할 것 없으니 그러시라고 했다. 그 손님들의 설명이 끝나자 주인은 내게 와 열정적으로 소개해줬다. "저건 브랜디향이 나는 원두, 이건 초콜릿 향, 요건 과일향이 나는 원두…" 약 2분간 메뉴판을 가리키며 원두 종류별로 향을 이야기했다. 세트 메뉴를 고르면, 몇 분 간격으로 시간을 두고 각기 다른 종류의 커피를 내준다. 잔은 꺼낼 때마다 차갑게 얼려져 있었다.

"한 잔 드셨으면, 이 물로 입을 헹구셔야 해요. 자, 그리고 두 번째 모금을 마실 땐, 양을 조금 늘려서 마셔보세요."

"조금 더요?"

물을 한 모금 들이켜 입을 헹군 후 후루룩 마셨다.

"자, 이번에는 혀를 한 번 움직여보시고 이제는 삼킨 뒤에 숨을 크게 쉬어보세요."

"와… 너무 좋은데요."

"괜찮아요?"

향이 조금씩 입 안에 퍼지다 과일향이 코끝으로 '휙'하고 올라왔다. 나의 반응에 주인이 미소를 지었다. 내가 웃으면서 "good"을 외쳤다. 가게 주인도 덩달아 신이 났다. "좋아요. 아주 좋아요." 흡사 접시가 깨끗이 비워졌을 때 그 접시를 바라보는 셰프의 만족스러운 표정처럼 바리스타는 커피가 손님의 취향에 제대로 맞아떨어졌는지 유심히 살폈다가 맛있다고 하면 덩달아 신나 했다.

가게 주인이 선반 위에 있는 유리병을 종종 확인했다.

다섯 개의 유리병이 쉴 새 없이 더치커피를 만들어내는 중이었다. 나는 이렇게 한 잔 만드는 데 얼마나 걸리는지 물었다. "한 잔이면 48분 정도 걸립니다." 나는 브랜디 향이 나는 원두를 구입했다. 주인은 포장을 하며, 87도의 물을 사용하라고 당부했다.

"물의 온도가 90도를 넘겨서는 안 돼요. 이 원두는 그래야 본연의 맛이 나요."

"혹시 따뜻한 커피도 파시나요?"

"네, 팔아요."

"그럼 한 잔만 주시겠어요?"

"아… 저는 커피 세트를 다 드신 분께는 더 이상 커피를 팔지 않아요. 지금 마신 세 잔은 일부러 순서를 정해서 드린 거예요. 마지막에 드신 커피가 가장 우아한 맛인데요, 커피도 종류를 다르게 마실 때는 순서대로 마셔야 해요. 그래야 잘 느낄 수 있어요. 만약 손님이 마지막에 드린 커피로 같은 걸 한 잔 더 시킨다고 해도, 저는 드리지 않을 거예요. 왜냐하면 그 전과 같은 맛이 느껴지지 않을 거니까요. 지금 드신 게 가장 적당해요."

가게 안에 있는 다른 손님들도 다 같이 귀를 기울이는 게 보였다. 가게 주인은 커피를 많이 파는 게 목표가 아니라고 했다. 실제로 이 가게는 일주일에 3~4일만 운영하고, 나머지 시간은 로스팅을 위해 문을 닫는다. 가게 주인은 15년째 직접 로스팅을 하고 있다고 했다. 이 바리스타가 원하는 것은 단 한 가지. 손님들이 이 가게에 들어와서 오롯이 커피의 향과 공간을 느끼며 머물다 가는 것이라고 했다.

나는 한 시간 남짓 이 가게에 머무는 동안 옆의 손님들과 꽤 자연스럽게 친해질 수 있었다. 독특하게도 가게에는 의자가 두 개 정도밖에 없었기 때문이다. 새로운 손님이 오면 기존에 있던 손님들이 서로 거리를 좁혀 새 손님이 서 있을 공간을 마련해주었다. 손님끼리 거리가 가까워지자 마음의 거리도 조금씩 좁혀지는 느낌이 들었다. 덕분에 한 시간 남짓 머무는 동안 풍성한 이야기가 오갔다.

많은 손님을 한꺼번에 받을 수 있는 가게는 아니었지만, 내가 있는 동안 손님들이 꾸준히 오갔다. 공간에 깃

든 철학과 소신이 나 같은 여행자들에게 일상에서 빼앗 겼던 여유와 신선함을 선물하고 있었다.

이 무렵 나는 권태에 빠져 있었다. 끝없이 달리는 경주 마 같다는 생각에 기자 생활 중 처음으로 모든 걸 놓아버 리고 싶다는 생각을 하고 있었다. 물론 일에 대한 자부심 도 있었다. 선배가 고친 나의 기사 한 줄이 마음에 들지 않아 옥신각신한 적도 있었고, 현장에서 중계를 할 때는 조금이라도 더 생생하게 담기 위해 PD 선배와 늘 머리를 맞댔다.

나는 일을 하면서 내가 즐기고 있다고 생각했고, 성과 가 나지 않았던 것도 아니었기에 스스로 방황하는 이유 를 찾기 힘들었다. 상사와 맞지 않을 때도 있었지만, 좋 은 상사가 내 위에 있었을 때도 나는 똑같이 부족함을 느 꼈다.

나는 내 방황의 이유를 비로소 이 가게에서 찾았다. 나 는 저 바리스타가 자신만의 세계 안에서 일할 수 있다는 것이 부러웠다. 내가 쓰는 기사, 내가 만드는 뉴스 영상

에는 나 한 명의 시선이 아니라 내가 소속된 팀의 시선이
함께 담겨 있었다. 기사 주제를 선정할 때에도 나의 의견
만 반영되는 게 아니라서 내가 쓰고 싶은 주제와 다른 것
을 취재해야 할 때도 있었다. 영상을 편집하는 방식도 이
조직의 규칙에 맞춰서 내보내야 했다.

어쩌면 내가 조직이 정한 틀 밖에서 일하고 싶은 건 아
닌지, 스스로 질문해보게 됐다. 나도 나만을 위한 공간을
가질 수 있다면. 그래서 그 공간을 오롯이 나의 의견대로
꾸려갈 수 있다면.

우리는 종종 고민과 방황을 혼동할 때가 있다. 그 무렵
내가 그랬다. 스스로 '방황한다'고 단정지었던 그 시간,
사실 내 세계는 확장되고 있었다. 다른 말로 나는 성장하
는 중이었다.

남이 보는 나와
내가 아는 나 사이의 틈

"쏴아아아" 다음 날 아침, 비 내리는 소리가 들렸다. 침
대 옆 블라인드를 걷었다. 타이베이 시내가 촉촉하게 젖

었다. 30분 정도 멍하니 창밖을 바라봤다. 잠들지 못하는 날들의 연속. 대만으로 출발하기 전, 나는 병원에 들렀다.

"이전에도 정신과에 간 적 있으세요?"
"네, 올해 초에 갔었어요. 몇 달 정도 참아봤어요. 혹시나 의존하게 될까 봐…."

불면증 때문에 한 달 정도 신경안정제를 처방받은 적이 있다. 의사가 고개를 끄덕였다. 약 없이 버텼던 몇 달 동안 빠르면 새벽 2시, 늦으면 새벽 6시에 잠들었다. 밤이 오는 게 무서웠다. 일어나면 멍했고 하루를 제대로 살 수 없었다. 결국 나는 약 없이 버티는 걸 포기했다.

침대에서 일어나 세면대로 갔다. 어젯밤 잠들기 전에 먹었던 약 봉지가 덩그러니 놓여 있었다. 집어서 옆에 있는 쓰레기통에 넣었다. '움직여야 해.' 다시 하루를 시작했다. 머리를 묶고, 미리 빨아 온 옷을 꺼내 입었다. 화장도 야무지게 하고 나갔다.

"쏴아아아" 여전히 억수 같이 쏟아지는 비. 1층에 서 있는 호텔 직원에게 우산을 빌릴 수 있는지 물었다. "문 앞에 비치돼 있는데요, 아마 손님들이 다 빌려 갔을 거예요."문 앞에 갔다. 정말 없다.

'우버 불러야겠다.' 어플로 택시를 부른 뒤, 벤치에 앉았다. 잠시 뒤, 투숙객으로 보이는 서양인 남성이 옆에 앉았다. 그리고는 내게 중국어로 말을 걸었다. "저 한국인이에요"라고 하자 남자는 영어로 대답했다.

"아 그렇군요. 여행 중이세요?"
"맞아요."
"저도 곧 한국으로 여행 가요."
"아 정말요? 어디로요?"
"서울로요. 저는 뉴욕에서 왔어요. 여행 중이에요."
"그렇군요."

그때 그의 친구가 왔다. 친구는 중국인이고, 영어를 잘했다.

"한국에서는 무슨 일을 하세요?"
"아… 기자예요."

"기자요? 기사를 쓰세요? 아니면 방송?"

"기사도 쓰고 방송도 하죠. 방송 기자예요."

"와우."

둘의 눈빛에 갑자기 호기심이 생겼다. 내 직업이 흥미로웠나보다. 내가 이곳에 온 이유를 설명했다.

"아, 사실 저는 카페를 좋아해서 여행하면서 가게를 소개하는 영상을 찍고 있어요."

"미국에도 가본 적 있어요?"

"아, 뉴욕이랑 로스엔젤레스에 간 적이 있기는 한데…. 짧게 다녀와서 잘 몰라요."

"승무원을 하셨군요. 가장 좋아했던 도시가 있나요?"

"시드니가 제일 좋았어요. 짧게 있었지만, 도시가 참 평화롭다고 느껴졌거든요."

승무원 시절, 비행을 가서 며칠 머물렀던 게 전부였다. 그런데 그런 느낌이 뭔지 내가 알던가…. 내가 말하면서도 속으로 고개가 갸웃거려졌다. '평화롭다라….' 그때

시드니는 내게 잠깐 쉬는 장소였기 때문에 평화롭게 느껴졌다. 그 속에서 매일 똑같이 출근하고, 일하고, 퇴근하는 사람들의 숨소리를 들어본 적은 없다. 한 발자국 떨어진 여행자의 눈이 그 도시를 제대로 바라봤다고 할 수 있을까.

줄줄이 소시지처럼 나의 의식의 흐름이 이어지던 때 빗속을 뚫고 그들의 일행이 한 명 더 합류했다. 동시에 내가 예약한 택시도 도착했다.

"탁" 택시 문이 닫혔다. 휴대전화를 들어 구글맵을 잠시 확인했다. 카페 몇 곳을 찾아보다가 화면을 껐는데, 순간 검은 화면 위로 화장한 내 얼굴이 보였다. 5시간 밖에 못 잔 상태를 완벽히 감췄다. 분홍빛 셔츠와 하얀 진주 목걸이까지 걸치니 한껏 밝아보였다. '약 없으면 잠도 못 자는 인생인데….'

만 서른 셋. 살아남기 위해 발버둥 치다보니 몇 가지 이력이 내 삶에 남았다. 세상은 그 이력이 만든 유리창으로 나를 바라보고 있었다. 나와는 전혀 다른 내 모습이 유리창 너머에 서 있었다. 아마도 활기차게 웃고 있는 모

습이겠지. 빗소리가 더욱 세차게 들렸다. '모든 불행이
다 씻겨 내려갔으면 좋겠다.'

속도가 다른 건
잘못이 아니야

같은 목적지를 향한다고 해서 걷는 속도가 같을 필요
는 없다. 누군가는 일정한 속도로 걷는 걸 좋아하고, 누
군가는 쉬었다가 힘을 끌어모아 전속력으로 질주하기도
한다. 조직원으로 살아갈 때 겪는 고충은 내 속도대로 갈
수 없다는 데에 있다.

나는 총 세 번의 선거 방송에 투입됐다. 대통령선거와
지방선거, 총선이었다. "김아영 씨, 지금 들어갑니다."

인이어에서 PD의 콜이 들려왔다. 조명이 머리 위로 떨
어졌다. 가로 17미터, 세로 13미터, 높이 7미터의 광활한
스튜디오 위에 혼자 서 있다. 원래 기자들이 생중계를 할
때는 대본이 적힌 프롬프터가 앞에 있지만, 지금은 그런
게 없다.

카메라가 공중을 휘젓고 다녀야 하기 때문에 그런 큰

모니터를 설치해봐야 너무 멀어서 보이지도 않고, 그렇게 큰 장치가 달려 있으면 카메라 움직임에 방해가 된다. 그러니까 지금 나와 함께 호흡을 맞추는 건 화면에 실시간으로 바뀌는 숫자들뿐. 커다란 스튜디오를 날아다니는 지미집 카메라의 빨간 불빛만 바라보며 2분 동안 혼자 떠들기 시작했다.

"'데이터M'입니다. 이번에는 이번 선거의 연령별 표심을…"

머릿속에 달달 외워둔 약 20개의 대본들. 내 손으로 쓰고, 입으로 수백 번 되뇌었다. 그러나 숫자는 미리 외울 수 없다. 선거 당일에만 알 수 있으니까. 실시간으로 바뀌어 펼쳐지는 숫자를 보고 순간순간 해석해서 시청자들에게 전달해줘야 한다.

선거 날에는 오후 6시 전후에 시작해서 다음 날 새벽 4시, 길게 가면 새벽 6시까지도 끝나지 않는다. 그야말로 체력 싸움. 정신줄을 놨다간 어떤 실수가 튀어나올지 몰라 대기실에서 김밥을 먹으면서도 중얼중얼 대본을 외웠다. 정치인들의 이름이나 정당을 잘못 말할까봐, 숫자를 잘못 읽을까 봐, 해석을 잘못할까 봐 쉬어도 쉬는 게 아니었다.

그때는 청심환보다 커피가 효과가 좋았다. 심장이 쿵쾅쿵쾅 뛰면서 안절부절할 수 없는 그 상태를 유지하는 게 긴장의 끈을 놓지 않는 데에 효과가 있었다. 새벽 3시 정도 되면 체력이 바닥나면서 슬슬 졸음이 찾아오는 순간이 온다. 그때는 거의 커피를 들이붓는다. 지난 몇 주간 수십 명이 달라붙어 추진한 이 큰 프로젝트를 나 한 명의 실수 때문에 망칠 수는 없으니까.

그렇게 선거 방송이 끝난 뒤, 며칠을 쉬고 나면 회사에 출근하기가 싫어진다. 사람은 로봇이 아니라서 휴대전화 배터리를 충전하듯 기계적으로 에너지가 채워지지는 않는다. 그러나 나에게는 뛰어야 할 이유가 있었다. 그건 사장님 때문이 아닌, 같은 노동자들 때문이었다.

선거 방송 기간에는 기존 부서에서 필요한 인력을 빼서 선거 방송을 담당하는 팀에 파견한다. 원래 있던 팀은 그만큼 일할 사람이 줄어든다는 얘기다. 무거운 짐을 함께 나눠 들던 동료 한 명이 빠졌으니, 다른 동료가 들고 있던 짐이 더 무거워진다. 파견 갔던 사람들이 돌아오면, 원래 있던 부서의 동료들은 당연히 기쁘다. 드디어 짐을 덜어줄 동료가 생겼기 때문에.

하지만 돌아온 동료는 방전된 상태다. 일을 열심히 하지 않는다고 잘리지는 않는다. 결국 조직원이 바라보는 건 회장님이나 사장님이 아니라 옆에 앉아 있는 동료들이 아닐까. 내 몫만큼 열심히 해내느라 지쳐 있을 텐데, 내가 예전처럼 열심히 하지 않고 농땡이를 피우면 나는 그에게 죄를 짓는 게 될 테니까. 돌이켜보면 나는 회사보다도 동료에게 미움받지 않기 위해 뛰었던 것 같다. 내 몸의 센서가 고장 나기 전까지는.

일요일 밤 9시 30분. 무거운 발걸음을 이끌고 집에 들어섰다. 다음 날, 뉴스 진행을 위해 새벽 3시 30분에 일어나 출근해야 하는 남편이 자지도 못한 채 날 기다리고 있었다.

"피곤했지. 밥 먹을래?"

"아니, 내가 해먹을게. 자."

"아냐, 내가 해줄게."

"아냐, 너 자."

"이럴 시간에 밥 하겠다."

　사실 괜찮다는 말을 할 기운조차 없었다. 남편은 침대에서 일어나 부엌으로 갔다. 그사이 나는 10시간 넘게 얼굴에 덕지덕지 붙어 있던 선크림을 씻어냈다. 수건으로 대충 닦고, 화장대 앞에 털썩 앉았다.

"여보 밥 먹고 해. 이거 식어."

"응, 나 내일 출발할 짐 좀 싸고 먹을게."

"이거 식는데 먹고 하면 안 돼? 식으면 맛없는데."

"…"

　갑자기 닭똥 같은 눈물이 뚝뚝 떨어졌다. 상황을 알 리 없는 남편이 멀리서 다시 말했다.

"여보, 밥 먹고 하면 안 돼? 이거 오래 두면 눅눅해지는

데."

"그냥 날 놔둬. 제발…."

갑자기 눈물이 왈칵 솟구쳤다. 울먹이는 목소리로 중얼거렸다. 남편이 달려왔다. 가만히 날 보더니 얼굴을 감싸 안았다. 엉엉 소리 내며 울었다. 남편이 말했다. "괜찮아. 괜찮아. 힘들었지." 꾹꾹 눌러 참던 날들의 연속. 그 끝엔 지칠 대로 지친 내가 있었다. 죄 없는 남편에게 짜증을 냈다. 내 자신이 싫고, 남편에게 고마웠다.

"여보 미안해… 고마워…." 남편이 등을 토닥였다. 나는 더 이상 낮은 연차가 아니었다. 일을 하다가 이 방향이 아닌 것 같으면 의견을 낼 수 있을 만큼은 성장해 있었다. 나를 괴롭히는 사람도 없었고, 일이 어려운 것도 아니었다. 기자 생활 8년 차, 회사의 허리인 나는 '이제 이 정도는 해내야지'라는 부담감이 있었다. 내 몫을 깔끔하게 잘 해내면 모두가 편해진다. 해오던 대로만 착착 해내면 된다.

그런데 그건 마치 먹기 싫은 밥 같았다. 살아야 하니까 목구멍으로 꾸역꾸역 집어 삼켰다. 자존심이 센 성격이라 특출나게 잘해내고 싶은 욕심은 없었어도 못한다는 소리만큼은 듣기 싫었다. 그래서 움직이기 싫다는 생각이 들수록 의식적으로 더 움직이려고 했다.

기자를 시작한 지 얼마 되지 않았을 때는 "그래, 잘했어"라는 한마디가 그렇게 듣고 싶었다. 하지만 무언가를 해내면 해낼수록 사람들은 더 바랄 뿐이었다. 어느 순간부터 인정을 받고 싶다는 생각이 사라졌다.

특출나게 일을 잘한다고 월급을 더 받는 것도 아닌 회사에서 내가 신경 써야 할 건 하나였다. 같은 노동자인 동료들. 매일 얼굴을 마주하고, 종종 만나서 밥도 먹고, 서로 농담을 주고받던 사람들과의 좋은 관계를 무너뜨리게 될까 봐 두려웠다.

동시에 끊임없이 페달을 밟아야 하는 자전거 위에 있는 기분이 들었다. '나는 언제쯤, 이 자전거에서 내릴 수 있을까?' 남편이 물었다. "그만둘래?" 굵은 눈물이 한 방울 뚝 떨어졌다. 일을 그만하고 싶은 건 아닌데…. 뭔가 설명하기 힘든 감정이 차올랐다.

내 인생의 박자에 맞춰
걸을 것

"여기 맞아요…?"

"네, 그렇게 나오는데요. 아마도 저 안에 있는 것 같은
데…."

택시 기사가 말했다. 아무리 찾아봐도 카페가 안 보였
다. 창문 밖으로 몸을 기울였다. 바이크 샵이 보였다. "아,
감사합니다." 비가 여전히 부슬부슬 내렸다. 택시에서 내
려 풀쩍풀쩍 뛰어가 문을 열었다.

"저… 'COFFEE HO'를 찾아왔는데요." 한 중년 여성
이 나를 반겼다. "아! 2층으로 가시면 돼요" 가게 안쪽으
로 들어가니 계단이 있었다. 오를 때마다 조금씩 보이는
가게의 모습. 파란 양탄자가 긴 나무 의자 위에 올려져
있고, 옆에는 손때 묻은 LP들이 잔뜩 꽂혀 있다. 쉽게 구
할 수 없는 원목 가구들이 눈길을 사로잡았다. 나무 밑동
을 그대로 가져다 쓴 것 같은 모양의 의자도.

"어서오세요." 젊은 바리스타가 서 있다. "네, 안녕하세

요." 메뉴판을 봤다. 종이에 붓글씨로 한 글자씩 공들여 써놓았다. 가끔은 메뉴판에서 주인의 성격이 느껴질 때가 있다. 메뉴를 보며 물었다.

"혹시 꽃 향기 나는 커피가 있을까요?"
"이게 가장 꽃 향기가 많이 나요. 에티오피아 거예요."
"그걸로 주세요."

바리스타는 고개를 끄덕이더니 LP들이 꽂혀 있는 쪽으로 갔다. 그리고는 LP 한 장을 꺼내 플레이어 위에 툭 얹었다. 잔잔한 음악이 낮게 깔렸다. 열린 창문 사이로 빗소리가 밀려 들며 박자를 맞췄다. 가게 주인은 봉지 입구를 톡톡 두드려 원두를 조금씩 부었다. 마지막에는 속도를 줄여 네다섯 알씩 떨어뜨렸다. "토독토독"
저울에 적힌 숫자를 보더니, 스푼을 꺼내 몇 알을 건져냈다. 나는 황급히 걸어가 가방을 가져왔다. '자리를 옮겨야겠다.' 사이폰 커피 장비들이 막 움직이려던 순간이었다. 가게 주인이 동그랗고 납작한 은색 판 사이에 하얀 필터를 끼웠다. 커다란 유리병을 집어 들고 판을 넣은 다

음, 긴 막대를 들어 끝까지 살살 밀어 넣었다. '신중한 성격 같네.'

유리구슬 모양의 사이폰 장비를 집어 들었다. 나는 바로 앞으로 자리를 옮겨, 가장 좋아하는 순간을 기다렸다. "보글보글" 붉은 램프 위에 올려진 작은 구슬 안에서 투명한 물이 끓어오른다. 위에 올려진 유리병에 물을 붓고, 곱게 간 원두를 툭툭 털어 넣는다. 그리고 큰 나무 숟가락으로 표면을 살살 휘젓는다. 메뉴판을 보며 느꼈던 직감이 틀리지 않았다. 주인은 모든 작업을 한 땀 한 땀 수놓듯 이어갔다.

한순간도 허투루 놓치지 않고 만든 커피의 맛은… "우와" 삼키는 순간, 코끝에서 진한 꽃향기가 피어났다. 이내 향기가 온 몸을 휘감는 듯했다. "제가 마셨던 커피 중에 가장 맛있어요." 가게 주인이 고맙다며 미소 지었다. 내가 물었다.

"사이폰 커피는 어디서 배우신 거예요?"
"저희 어머니께 배웠어요. 1층 바이크 샵에 계세요."

"가족들이 하는 가게예요?"

"네. 제 형제가 바이크 샵을 운영해요."

아까 봤던 중년 여성이 생각났다. 바리스타는 사이폰 방식을 쓰는 게 때로는 번거롭다고 했다. "일이 많아요. 일반 드립 커피는 필터를 버리고 장비를 쓱 씻어내면 되는데, 이건 씻는 것도 번거롭고….." 그런데도 사이폰 커피를 고집하는 이유를 물어봤다. 그가 휴대전화 번역기에 대고 말한 뒤 화면을 보여줬다.

 － 사이폰 방식으로 커피를 내리면 맛이 더 풍부하고 완벽
  해집니다.

내가 방문했던 괜찮은 가게들에는 공통점이 있었다. 주인들이 절대로 손님에게 자신의 기준을 맞추지 않는다는 것이다. 자신이 감당 가능한 인원의 손님을 받고, 테이블 개수도 그 정도 수준으로 맞춰둔다. 필요하다면 가게를 예약제로 운영한다. 그들은 자신의 박자에 맞춰서 최선의 결과를 제공하려고 할 뿐, 손님들의 속도에 맞

창밖 빗소리가 담담하게 얽힌 그날의 커피를 잊을 수 없다. 속도보다는 신중을, 효율보단 정성을 중요하게 생각하는 사람이 내린 커피의 맛은 특별했다.

취 박리다매로 팔기를 원하지 않았다. 손님들도 대부분 그 마음을 알아준다.

반대로 나는 종종 내 인생의 박자를 무시하며 살아왔다. 탐사보도 팀 발령 초창기 때가 그랬다. 매일 2분에서 2분 30초짜리의 짧은 뉴스를 만들던 내가 30분짜리 기사를 쓰기 시작했다. 처음에는 엄청난 도전처럼 느껴졌다. 기사의 많은 문장들이 유기적으로 연결돼 있게 써야 하는데, 차라리 현장에 나가 취재를 한 번 더 하는 게 낫다는 생각이 들 만큼 기사를 쓰는 게 고역이었다.

점심도 거르고 다섯 시간 넘게 기사를 붙잡고 있다가도 이건 아닌 것 같아서 기껏 작성한 문장을 다 지워버리기도 했다. 그럴 땐 다시 현장에 나가 추가 취재를 하고 돌아와, 빈 종이를 꺼내 개요를 잡았다. 남들이 다 퇴근하고 난 시간, 빈 사무실을 보면 멍해졌다. 그리고 이 생각이 나를 잡고 놔주지 않았다. '지금 내가 잘하고 있는 걸까.'

그 시기 나는 자주 방광염에 걸렸다. 병원에서 약을 좀 받아 먹으면 나아진 것 같다가도 염증은 다시 생겼다. 그 것뿐만이 아니었다. 방송 주가 되면 항상 입술 옆이 터져 있었다. 남편은 말을 듣지 않는 나를 답답해했다.

"제발 몸 좀 챙기면서 해."
"이렇게 하지 않으면 일이 안 되는걸."
"아니, 건강을 해치면서까지 할 필요는 없잖아."

그때는 나도 내 자신이 컨트롤되지 않았다. 자려고 침대 위에 누우면 이런 저런 생각이 떠올랐다. '내일은 이 인터뷰를 하고, 모레는 저걸 하고….' 모든 일에는 적응 기간이 필요하지만, 아무리 처음 하는 일이라도 책망받고 싶지 않았다. 원하든 원치 않든 기왕에 배정받은 부서, 그 안에서 잘 해내고 싶었다.

하지만 탐사보도 팀에 적응을 해나가던 초기에 작성된 나의 기사 초안은 내가 봐도 엉성했다. 2주 넘게 취재하던 아이템을 엎고, 다른 아이템을 찾아 다시 시작하는 일의 반복. 분명 나는 8년 차 기자였는데도 마치 기사 쓰는 걸 처음 배우는 신입 기자처럼 두리번거리고 있었다. 매

주 방송이 끝나면, 후련해야 하는데 스트레스만 쌓였다. '다음 아이템으로 무엇을 해야 하지.'

탐사 취재는 발로 뛰는 만큼 손에 쥐어졌다. 남들이 다 아는 그 기사 내용에서 한 발자국 더 들어가 새로운 사실을 가져와야 한다. 아무것도 보이지 않는 숲에서 열심히 손전등을 비추며 걷다 보면 무언가 잡힌다. 그 잡힌 조각들을 찾아 하나씩 퍼즐로 맞출 때는 희열이 느껴지기도 했다. 그러나 내 손에 잡힌 게 도움이 안 되는 조각이라는 걸 깨달았을 때는 스스로에게 화가 나고 그 자리에 주저앉고 싶어졌다.

지적받으면, 지적받은 대로 그냥 흘러가면 되는데. 내가 나를 괴롭히지 않아도 시간이 자연스럽게 해결해줬을 텐데. 방광염에 몸살까지 겹쳐 목소리조차 나오지 않던 때에, 침대에 누워 있던 나에게 남편이 말했다. "그거, 몸이 너한테 경고하는 거야."

낯선 편안함

계산을 하려던 참이었다. "다 주시지 않아도 돼요. 이

것만 받을게요."

동전을 꺼내기 귀찮아서 지폐로 건넸는데, 그중 한 장을 돌려 받았다. 나는 황급히 손사래 쳤다. "아네요, 아네요. 다 받으셔야 해요. 잠시만요." 곧바로 지갑을 털었다. 동전 몇 개가 나왔다. 다행히 가격을 맞출 수 있었다. 주인의 손에 쥐어줬다. 그가 미소 지었다.

"잠시만요." 옆에 있던 드립백을 두 개 집었다. "선물이에요." 그는 웃으며 내게 건넸다. 이것까지 거절할 수는 없어서 그의 마음이라고 생각하고 받아 들고 감사하다고 말했다. "좋은 하루 보내세요." 주인이 손을 흔들었다. 1층으로 내려가니 문밖에 여전히 세찬 비가 쏟아지는 게 보였다.

문 손잡이를 잡으려던 찰나에 "우버?" 아까 봤던 중년 여성이 물었다. "네, 맞아요." 그녀가 뭔가 말하려다 잠시 멈추고, 휴대전화를 가져왔다. 그리고는 번역기를 통해 말을 이어갔다.

– 택시 올 때까지 여기서 기다려요. 밖에 비가 많이 와요.

택시 도착까지 5분 정도 남았다. "아, 고맙습니다." 가게에는 손님이 한 명 더 있었다. 그녀가 손님에게 뭔가를 말했다. 손님이 내게 그녀를 대신해 영어로 물었고, 나도 대화를 이어나갔다.

"대만에는 여행 온 건지 물어보시네요."
"네, 맞아요. 어제 도착했어요. 저 남자 분이 2층 카페 주인과 형제라고 들었어요. 두 분이 많이 닮았네요."

내가 카운터에 서 있는 남성을 가리키며 말하니 그녀가 아들을 쳐다봤다. 손님이 내 말을 알아듣고 통역했다. 그러자 그녀가 웃으며 잠시 아들과 대화를 나누더니, 다시 손님에게 뭔가를 말했다. 손님이 웃으며 물었다. 그때 마침 카페 주인도 계단을 내려오고 있었다.

"둘 중에 누가 형 같아 보이나요?"
"어… 너무 어려운데요. 이 분이 형인가요?"

내가 카페 주인을 가리켰다. 그녀가 웃으며 말했다.

"그가 동생이에요." 잘못 짚었다. 다 같이 웃었다. 그사이 휴대전화 화면에 알람이 떴다.

"택시가 온 것 같아요."
"위치 찾았대요?"
"네, 저기 창밖으로 보이는 것 같아요."
"잘 찾아왔네요. 잘 가요. 아가씨."

그녀는 문을 열어 골목 끝에 도착한 차를 확인하고는 웃으며 손을 흔들었다. 잠깐이었지만 마음에 온기가 전해졌다. 낯선 편안함이 마음 한편에 슬그머니 들어왔다.

익숙한 불편함

밤 9시 30분, 애써 시켜놓은 순대가 테이블 위에서 식고 있다. 기자 생활 4년 차 때의 일이다. 그는 30분 동안 전화를 끊지 않았다. "꼭 그렇게 쓰셔야 했어요?" 다 설명했다. 몇 번째 돌고 도는 대화.

"그게 아니고요. 아까 말씀드렸는데…."

"아니, 그러니까 꼭 그렇게 쓰셔야 했느냐고요. 지금 저희
가 얼마나 힘든지 아세요?"

"…"

하소연과 항의가 섞인 그의 말은 몇 분 더 이어졌다.
더 이상 들어줄 수 없었다. 한계가 왔다. "저… 개인적으
로 힘드신 것은 이해가 됩니다만, 기사 내용은 바꿀 수
없습니다. 양해 부탁드립니다." 한껏 감정을 배출하고 난
그가 전화를 툭 끊었다.

드디어 휴대전화를 내려놨다. 소파 위로 다리를 올려
무릎을 끌어안았다. 머리를 무릎 사이에 묻었다. 아까부
터 차려놓은 순대 냄새가 코를 찔렀다. 하지만 먹고 싶지
않았다. 혼자 사는 오피스텔에는 아무도 위로해줄 사람
이 없다. 와인 한 병을 꺼냈다.

"콸콸콸" 이렇게 마시려고 산 건 아니었다. 향이 좋다
고 해서 꽤 비싸게 주고 산 와인. '좋은 일 있을 때 마시
려고 아껴둔 건데.' 커다란 와인 잔에 절반을 가득 채워
꿀꺽꿀꺽 마셨다. 다 식은 순대 하나를 손으로 집어 입에

욱여넣었다. 내 저녁 식사였다. 순대가 말랐다. 순대가 마른 건지, 내 입 맛이 마른 건지 모르겠다. 그릇을 들고 가 그대로 음식물 쓰레기통에 부었다. 그릇을 싱크대에 놓고 가만히 서 있었다. 싱크대 위로 굵은 눈물이 뚝뚝 떨어졌다.

내 직업이 피해갈 수 없는 것이 있다. 불편한 대화다. 상대는 잘못을 저지른 기업의 직원이 될 수도 있고, 억울한 피해자를 만들어 낸 개인이 될 수도 있다. 때로는 피해자와 불편한 대화를 나누기도 한다. 원하는 이야기를 다 담아주지 않았다고 항의할 때가 있다. 안타까운 그의 상황이 이해는 되지만, 기사는 객관적으로 써야 한다. 논점에 빗나간 얘기는 걸러내야 하고, 상대의 반론도 넣어줘야 한다. 그럼에도 그들의 속상한 마음을 알기에 그럴 때는 대체로 가만히 들었다.

종종 생겨나는 이런 일들에 나는 익숙해지려고 노력했다. 뉴스가 좋은 일을 보도하는 경우는 드물기에 불편한 대화에 익숙해져야만 했다. 모든 직업이 그렇듯, 담금질은 가혹하다. 순대를 먹다가 터진 눈물도 그 재료였다.

현장에서도 불편한 대화는 계속된다. 영상 기자가 카메라를 들고 찍으면 항의하는 사람들이 뛰쳐나오곤 했다. 부딪치는 것도 우리의 몫.

"이 건물 찍으시면 안 돼요."

"안 들어가고 밖에서만 찍을게요."

"밖에서도 찍지 마세요."

"왜요?"

"아, 그냥 찍지 마세요."

"이러실 권한 없어요. 밖에서 찍는 건 불법이 아닙니다."

"아, 정말 왜 이러나 진짜."

쏘아보는 눈빛들. 어딘가로 급하게 전화를 돌리는 사람들. 그걸 보고 지나가는 행인들. 누군가는 서서 구경을 한다. 실랑이 끝에 촬영을 마치고 돌아왔다.

5년, 6년, 7년…. 연차가 쌓일수록 웃음기가 사라졌다. 슬픈 표정을 짓거나 화를 내는 일도 줄었다. 불편한 대화를 마주하면, 최대한 부드럽게 상황을 넘기려 애썼다. 입력값을 누르면 결과값이 툭 튀어나오는 엑셀처럼. 좋게 보면 노련한 기자가 되는 길이었다.

부작용은 이상한 데서 터져 나왔다. 엘리베이터를 타면 닫기 버튼을 꾹 눌렀다. 길을 가다가 누군가 내 앞에 서서 천천히 걸을 땐 나도 모르게 속으로 짜증을 내며 비켜 갔다. 누가 이야기를 시작하면 '그래서 결론이 뭔데' 라는 생각이 들었다. 나는 늘 바빴다. 필요한 건 가방에 집어 넣고, 불필요하고 무거워보이는 건 빠르게 솎아내서 버렸다. 불편한 대화에 내 모든 에너지를 소진했기에 정작 내 삶을 풍성하게 만들 에너지는 남지 않았다.

가끔 창문에 비친 내 표정과 그 너머에 있는 대만 사람들의 표정은 너무 달랐다. 그들의 표정은 밝고, 다정했다. 내가 만난 대만 사람들은 기꺼이 자신의 시간을 내서 친절을 베풀었다. 그들의 에너지를 사용해 웃어주고, 안부를 물었다. 여행을 하며 환경이 바뀌니 안 보이던 것들이 보였다. 내 구겨진 자화상이 눈에 들어오기 시작했다.

미뤄둔 여유를
찾아서

구겨진 자화상 속의 나는 내 것을 꼭 잡고 놓지 않는 습관이 있었다. 돈이 없던 대학시절, 나는 월드비전을 통해 몇 년 동안 아이를 후원한 적이 있다. 하지만 대학교를 졸업할 즈음부터 꽤 오랜 시간 그만뒀었다. 고학년이 되고 멋을 부리기 시작하면서 필요한 화장품을 사기에도 돈이 부족하다고 생각했다.

내 인색함은 점점 번져 나갔다. 친구들의 생일 알람이 휴대전화에 뜨면, 온라인에서 물건을 사서 배달시켰다. 사치스럽고 좋은 물건들이었다. 반면 작고 마음이 담긴 물건을 사는 일에는 신경을 쓰지 못했다.

언젠가 친구가 나에게 초콜릿 바를 봉투에 담아 전해 준 적이 있었다. 해외여행에서 나를 위해 챙겨온 선물. 그때 나는 사람에 질려 있었다. 바쁜 일상에 치여 친구를 만나는 것조차 극도로 피하던 시기였다. 인간에 대한 아무런 기대가 없던 시기. 나는 늘 약속을 미뤘고, 연락은 늘 그 친구가 먼저 했다. 더 이상 약속을 미룰 수 없어서 어쩌다 한 번 만나면, 그 친구는 인천에서 서울까지 한달음에 달려왔다. 손에는 항상 작은 선물이 들려 있었다.

그때까지 나는 한 번도 내 손으로 크리스마스를 기념해본 적이 없었다. 그런데 그녀가 어느 날 크리스마스라며 내 적막한 오피스텔에 온갖 장식품을 사 들고 왔다. 내게 풍선을 건네며 말했다. "자, 한 개 불어봐." 나의 건조한 창문에는 장식품이 한가득 붙었다. 그녀가 돌아간 뒤, 나는 피식 웃으며 창문을 쳐다봤다. 한동안 그 장식품들을 떼지 않았다.

결혼 소식을 전하자 이번에는 다이소에서 왕관과 목걸이 장난감을 사오고, 케이크도 준비해왔다. 그 앞에서는 장난으로 질색하는 척했다. 신기하게도 조금씩 나는 그 친구를 닮아가기 시작했다. 여행지에 가면, 아주 작은 것이라도 그 친구를 위한 선물을 사왔다. 다른 사람들에게도 베풀기 시작했다.

그들이 내가 준 선물을 받고 기뻐하는 모습을 보는 게 즐거웠다. 평소와 다를 것 없는 일상을 살아가다 우연히 나를 위해 누군가가 작은 선물을 준비했다는 걸 알았을 때. 그때 느끼는 행복이 하루를 특별하게 만들 수 있다는 걸, 나는 그 친구로 인해 알게 됐다.

대만의 한 카페에서 만난 소피아도 내 친구와 비슷했다. "드셔보세요, 진심으로. 스푼 가져다 달라고 말할게요." 그녀는 내 옆자리에 있었다. 내가 계속해서 거절하던 중이었다.

"아뇨, 아뇨, 아뇨. 괜찮아요, 정말로. 저는 배불러요." 거짓말이다. 당연히 맛보고 싶었다. 노릇노릇하게 구워진 타르트 겉면을 톡하고 가르니 부드러운 필링이 나왔다. 토치로 살짝 구운 머랭이 아름답게 올려져 있다.

"정말 드셔도 괜찮은데…." 소피아가 한 입 먹으며 말했다. 맛을 보자마자 얼굴에 미소가 번진다. "아웅, 진짜 맛있네요, 하하하." 보는 것만으로도 행복해지는 웃음. 사실 나는 타인의 친절이 아직도 낯설다. 소피아와 나는 한 시간 전에 처음 만났다. 우리는 카운터석에 혼자 앉아 있다가 자연스럽게 친해졌다. 그녀가 유창한 영어로 내게 물었다.

"여행 중이세요?"

"네, 맞아요. 한국에서 왔어요. 주로 카페에서 책을 읽으세요?"

"음, 이렇게 책을 보기도 했다가, 커피 만드는 걸 보기도 하고요. 가끔은 사람들 구경도 해요. 힐링되거든요."

'그래, 사람은 다 비슷하구나.' 편안함을 느끼는 구석은 늘 비슷하다. 20대인 소피아는 캐나다에서 워킹홀리데이 중이다. "가끔 대만에 오는데, 그때마다 이 카페에 들르곤 해요." 앞에서 앳돼 보이는 바리스타가 커피 통을 야무지게 흔든다. 분쇄된 원두가 골고루 섞이는 소리.

"슥슥슥슥" 그녀는 화장기 없는 얼굴에 머리를 질끈 묶었다. 흰색 셔츠 위에 툭 걸친 까만 크로스백. "홍차, 복숭아, 오렌지 향이 날 거예요." 그녀가 통을 건넸다. 안에 응어리져 있던 향이 사방으로 뿜어져 나왔다. 사람은 참 단순하다. 사소한 순간에 행복을 느낀다. "너무 좋은데요." 나의 대답을 들은 그녀가 활짝 웃으며 커피를 내리기 시작했다.

어느 정도 시간이 흐르자, 식기를 빤히 바라봤다. 어떤 잔은 화려했고, 어떤 잔은 청아했다. '커피 향과 어울리는 잔을 고르는구나.' 고민하다가 잔 하나를 골라 안에 담긴 따뜻한 물을 버렸다. 손님에게 나가기 전까지 잔을 데우기 위해 온수를 담아뒀다. 금빛을 머금은 여리여리한 잔에 복숭아 향 커피가 담겨 나왔다. 소피아도 한 잔 더 받아 들었다. 그녀는 벌써 두 잔째다.

"캐나다에 있으면 이 집 커피가 너무 그립거든요. 이번에는 원두도 잔뜩 샀어요. 제가 이 카페에 자주 와서 점원들을 알거든요. 이 분들이 근무할 때 커피를 많이 마시잖아요. 내주기 전에 항상 시음을 하니까. 그래서 단 것이 필요할 것 같아서 쿠키를 좀 사왔어요. 캐나다에서 유명한 쿠키거든요."

소피아는 가방을 뒤적였다. 캐나다에서 사온 쿠키 두 박스가 나왔다. 쿠키를 받아 든 점원의 얼굴에 함박웃음이 번졌다. 그녀가 주방에 있던 다른 바리스타들에게 소식을 전했다. 점원들이 나와 활짝 웃으며 고마움을 전했다. 소피아가 방긋 웃었다. 그녀를 바라보며 잠시 생각에 잠겼다. 가족과 친구들에게 줄 선물로도 캐리어 공간이 부족했을 텐데, 단골 가게 직원들을 챙길 줄 아는 여유가 그녀에게는 있었다.

노동의 대가에 집중하다 보면 쉽게 놓치는 것들이 있다. 늘 무언가를 얼마나 더 받을지에 골몰하다 보면 주는 행복을 잃게 된다. 그건 인생에서 얻을 수 있는 절반의 행복을 놓치고 사는 것과 같다. 바쁘다는 이유, 그것 하나만으로 내 삶에서 놓친 조각들이 보였다.

인연은 예상치 못한 곳에서 튀어나온다

인연이란 언제 어디서 시작될지 모른다. 사소한 순간에도 최선을 다해야 하는 것은 그 때문이다. 비가 억수같이 쏟아지던 날, 대만의 한 카페에 우산 없이 도착했다. 나는 택시에서 내린 뒤 비를 맞으며 가게로 뛰어 들어갔다. 가게에는 중년의 남성이 서 있었다. 그의 이름은 '션'.

길고 얇게 뻗은 투명한 잔. 차가운 토닉 위에 에스프레소가 쪼르륵 떨어진다. 짙은 갈색의 커피가 토닉 사이를 순식간에 파고들었다. 커피 토닉은 이 가게의 시그니처 메뉴다. 곧 션의 아내 '루비'가 가게로 들어왔다.

"안녕하세요!" 활기찬 그녀의 웃음. 앞으로 나의 소중한 친구들이 될 부부였다. 둘의 성격은 정반대다. 션은 다소 과묵하고 섬세한 반면, 루비는 쿨하고 장난기가 많다. "션은 고양이 같고, 저는 강아지 같죠." 루비가 장난스럽게 션을 흉내내며 말했다. 우리는 금세 친해졌다.

션이 커피 토닉을 만들다 잠깐 멈추고 내게 물었다. "혹시 술을 좋아하시면 좀 넣어드릴까요?" 그러자 루비가 웃으며 말했다. "션, 한국 사람들이 술을 얼마나 좋아하는데." 나도 함께 웃었다. "저도 좋아해요. 술 넣으셔도 돼요."

그때 문이 드르륵 열렸다. "우리 친구들이 왔네요." 션과 루비 부부는 사람들과 모이는 것을 좋아했다. 루비가 내게 한 명씩 소개해주며 말했다.

"이 친구도 50대예요." 다들 션과 루비처럼 나이보다 훨씬 젊어 보였다. 이들 부부를 처음 봤을 때에도 나이를 들고 깜짝 놀랐었는데. "그 나이로 절대 안 보여요." 그 말에 루비가 웃으며 답했다. "그건 아마 커피를 많이 마셔서 그럴 거예요."

내가 웃으며 커피 토닉을 후루룩 마시고 일어섰다. "전 그럼 가볼게요! 감사했습니다." 나가려는데 루비가 나를 막았다. 그리고는 급하게 옆에서 비닐우산을 꺼내 내 손에 쥐어줬다.

"잠시만, 잠시만요. 이거 쓰고 가요. 비 많이 오잖아요."

"아녜요, 우버 부르면 돼요."

"에이 그러지 말고 쓰고 가요."

"그럼… 내일 가져다드릴게요!"

"그럼 혹시 내일 커피 로스팅 할 건데, 오신 김에 구경하실래요?"

그녀가 웃으며 말했다. 안 그래도 로스팅 기계에 대한 이야기를 듣고 호기심이 발동한 참이었다. 그녀의 가게에는 처음 보는 로스팅 기계가 있었다. 열풍식 로스터기인데, 원두를 붓고 작동시키면 마치 팝콘을 튀기듯 원두가 튀어 오른다고 했다. 강한 열풍 때문인데 그 덕에 균일한 로스팅이 가능하다. 그 장면을 직접 볼 수 있다니. 반가운 마음에 바로 대답했다. "그럴게요!"

다음 날, 내가 방문했을 때 션은 미리 로스팅할 생두와 옮겨 담을 통을 준비해두고 있었다. "자, 시작합니다." 션이 준비한 원두를 기계 속에 와르르 쏟아부었다. 뚜껑을 닫고 버튼을 누르니, 원두들이 분수처럼 튀어 올랐다. '와, 정말 팝콘 같아.' 션이 화면을 보며, 신중하게 뭔가를 받아 적었다.

몇 분쯤 지나고, 청진기 같은 호스를 귀에 댄다. 루비가 말했다. "원두에 금이 가는 소리를 듣는 거예요." 션이 호스를 건네며 말했다. "한 번 들어봐요." 내가 귀에 댔다. "탁, 타닥, 탁⋯ 탁" 마치 모닥불이 타오르는 소리 같다. 이 소리를 듣고 션은 로스팅을 멈출지 더 진행할지를 결정했다.

로스팅이 끝난 뒤, 션은 어제처럼 나를 위해 커피 토닉을 만들었다. "오늘은 술 안 넣을게요."

비오는 날 들렀던 'SUCRÉ BEANS Coffee Roasters'. 우연
과 날씨가 만들어낸 인연이 시작되었다. 가까이 있던 사람
이 어느새 멀어지고, 먼 나라에서 처음 만난 사람이 새로운
인연이 되기도 한다. 이런 불확실성이 있기에 삶이 재미있
는 게 아닐까.

비는 전날만큼 거셌다. 천장에 떨어진 비가 창문을 타고 주르륵 흘러내렸다. 부부가 직접 디자인한 가게는 천장과 벽면이 유리로 돼 있다. 비가 올 때면 오는 대로, 해가 뜨면 뜨는 대로 아름답다. 가게에 앉아 루비와 수다를 떨기 시작했다. 두 번째 만남. 우리는 하루 전보다 더 친해져 있었다.

그녀가 눈을 크게 뜨고 흥분하며 말했다. 루비는 영국 가수 '미나 오카베'를 좋아한다.

"제가 마침 그녀 노래를 듣고 있었거든요. 아니 글쎄, 갑자기 미나 오카베가 문을 열고 들어오더라니까요!"

"정말요?"

"네, 진짜예요. 저도 그녀를 본 순간, 제 눈을 믿을 수 없었어요."

"아니, 어떻게 그럴 수가 있죠?"

"그러니까요. 이 골목을 지나다가 우연히 우리 카페에 온 거래요."

루비의 말에 따르면, 당시 미나 오카베는 공연을 위해

대만에 방문한 상태였다. 미나 오카베는 팬이라는 루비에게 비공개 공연 티켓을 건넸다. 덕분에 이들 부부는 미나 오카베의 비공개 콘서트에 참석했다고 한다.

이때까지만 해도 나는 우리의 인연이 더 깊어질 거라고 예상하지 못했다. 한 달 뒤 다시 대만에 방문했을 때, 그들은 나를 데리러 호텔로 왔다.

행복해지려고 발버둥 칠수록
행복으로부터 멀어졌다

부부는 아침 9시에 내가 있던 호텔로 차를 몰고 왔다. 루비가 차에서 반갑게 달려 나왔다. "아영! 정말 오랜만이에요!" "잘 지내셨어요?" 우리는 뒷좌석에 앉았다. 운전대를 잡은 션이 뒤로 고개를 돌리고 빙긋이 웃었다. "아영, 다시 대만에 온 걸 환영해요." "션, 정말 괜찮겠어요?" 내가 묻자, 대신 루비가 대답했다. "그럼요, 제 남편은 운전을 엄청 좋아한답니다. 그렇지, 션?"

루비가 장난을 쳤다. 션이 활짝 웃으며 고개를 끄덕였다. 이들의 계획은 타이베이에서 한 시간 10분 거리에 있는 이란현(宜蘭縣)에 나를 데려가는 것. 갑작스러운 일정이 시작된 계기는 이랬다. 지난 여행에서 나는 루비에게 커피를 선물받았다. 그리고 나는 대만에 다시 방문하기 전 루비에게 연락했다. 그런데 뜻밖의 답장이 왔다.

　– 루비! 당신에게 줄 선물이 있어요. 다음 주에 가게에 언제 계세요?
　– 아영 씨, 다시 타이베이에 오는 거예요? 이번 여행 계획이 어떻게 돼요? 저희는 월요일에 쉬는데, 괜찮다면 저희 차로 같이 여행 다녀요. 좋은 곳에 데려다줄게요.

그녀는 내게 지도 한 장을 함께 보냈다.

　– 타이베이를 떠나서 카페 투어를 해보자고요.

누군가와 헤어질 때 으레 빈말처럼 하는 약속들이 있다. 내가 아는 괜찮은 식당이 있는데, 다음에는 거기서 보자는 말도 그중 하나. 나 또한 루비와 션이 작별 인사로 했던 말을 그 정도쯤으로 여겼다. "다음에 방문하면

루비의 이야기에 박장대소하는 나. 선과 루비와 나눴던 이
야기는 내 마음속에 작은 울림을 주었다. 사실 모두에게 익
숙한 이야기일 것이다. '행복은 돈이나 위대한 목표보다 소
소한 삶속에 녹아 있다'는 이야기는. 안타까운 사실은 대부
분 이 사실을 놓친다는 것이다. 나 역시 그랬던 것처럼.

카페 투어를 시켜줄게요. 같이 다녀요."

그런데 그 일이 실제로 일어났다. 그리고 지금 루비는 내 옆에 앉아 있다. "오늘의 계획을 말해줄게요. 일단 우리는 이란이라는 지역에 갈 거예요. 거기에 작은 항구가 있는데, 우리가 갈 카페도 그 동네에 있어요."

차 안에서 우리는 다양한 주제로 대화를 나눴다. 가장 기억에 남는 건 행복에 관한 대화였다. 루비에게는 아들 둘이 있다.

"아들이 어릴 때 얘기예요. 병원에 가면 어린 아이들을 위한 작은 놀이기구가 있거든요. 제 아들은 가끔 그걸 타고 싶어했어요. 그럴 때마다 이렇게 말했죠. '이걸 타고 싶어? 좋아. 그런데 한 가지 알아야 할 게 있어. 오늘 만약 전기가 연결돼 있지 않다면 기구가 움직이지 않을 수도 있지. 그래도 괜찮다면 타도 돼.'"

놀이기구는 동전을 넣으면 작동한다. 그러니까 루비가 한 말은 거짓말이다. 거짓말을 통해 아이에게 알려주고 싶은 것이 있었다.

"탈 때마다 놀이기구가 움직이면, 아이는 그것을 당연한 것으로 알고 움직이지 않았을 때 실망할 거예요. 그럼 돈이 있어야만 행복하다는 생각을 하게 되겠죠. 하지만 꼭 돈이 있어야 행복한 건 아니라는 걸 가르쳐주고 싶었어요."

물론 아이 몰래 가끔 동전을 넣을 때도 있었다.

"그럴 때면, 아이가 얘기해요. '엄마! 오늘은 전기가 들어왔나 봐!' 하면서요. 그런데 어느 날 아들이 놀이기구에서 내려왔어요. '엄마, 나 이것 그만 탈래요' 하면서요. 그날은 제가 동전을 넣어서 놀이기구가 작동하던 중이었거든요. 주변에 다른 아이들이 쳐다봤죠. '계속 작동 중인데? 왜?' 하고 물었더니 아들이 이러더군요. '괜찮아요. 이제 다 탔어요.'"

루비가 볼 때, 아들은 더 이상 놀이기구가 움직이는 것에 연연하지 않았다. 자신이 행복하다고 느끼는 만큼만 타고 내려올 줄 알았다. 그 말을 듣고 생각했다. '행복은

돈으로 살 수 있는 게 아니지. 맞아.'

1년 전쯤, 남편과 나눴던 대화가 떠올랐다. 내가 질문하는 동안 남편은 나를 가만히 바라봤다.

"우리가 아이를 갖는다면… 그게 아이를 위해서 맞는 결정일까?"
"왜?"
"왜냐하면… 걔가 살고 싶지 않을 수도 있잖아."

내게 있어서 삶은 고난의 연속이었다. 애쓰는 시간들이 쌓이고 쌓이다가 결국 죽음으로 가는 것. 그것이 인생이었다. 나의 평판을 위해 애쓰고, 나의 생계를 위해 애쓰고, 나의 건강을 위해 애쓰고…. 그 끝에 행복이 있어야 하는데 희한하게도 대부분 불행이 있었다. 중요한 것이 스윽 빠져나가고 허울만 남은 느낌.
가끔은 내가 벌레와 다를 바가 없다는 생각을 했다. 벌레도 자신을 위해서 살 줄 안다. 내가 살다가 사라지면, 나를 사랑했던 사람들을 빼고 이 세상이 영향받을 것은 아무것도 없어 보였다. 나는 그저 매일 경쟁에서 이겨 누군가를 앞서고, 무심하게 지나치고, 내 입에 거미줄 치지 않기 위해 살아가는 흔한 동물일 뿐이었다.

그렇게 애쓴 목표가 뭔지를 찬찬히 돌이켜보면, 행복이었다. 그런데 나는 그 어느 때보다 확실히 불행했다. 지금의 남편을 만나 조금씩 행복을 되찾기 전까지는. 우리는 집 앞 산책길을 걷고 있었고, 그가 물었다.

"왜 그렇게 생각해? 세상에 맛있는 게 얼마나 많은데. 재밌는 것도 많고. 우리처럼 좋은 짝을 만나면 손잡고 이렇게 산책할 수도 있잖아. 여보는 나랑 사는 인생이 안 행복해?"

"행복해."

"그래, 행복은 이런 거야. 바람도 느끼고, 거리 구경도 하고. 무엇보다 나는 아직 먹고 싶은 게 많아."

남편의 말에 "풉"하고 웃었다. 그의 말이 진심이라는 걸 나는 안다. 집에서 매일 먹는 단순한 반찬도 입맛을 다시며 요리하는 사람이니까. 상대방이 어떤 브랜드의 옷을 입었는지, 이 집이 내 집인지 같은 건 늘 그의 안중에 없었다. 맛있는 밥을 먹을 수 있는 지금이야말로 가장 중요한 순간이었다. 그에게 삶은 의외로 간단했다.

루비의 말도 비슷했다.

"둘째 아들의 이름이 테일러인데요, 저는 테일러와 자주 여행을 떠나요. 가면 새로운 걸 많이 경험할 수 있죠. 하지만 여행을 못 가도 괜찮아요. 집 근처 공원을 거닐면 돼요. 날아가는 새, 불어오는 바람, 흩날리는 나뭇잎을 보며 자연을 감상할 수 있어요. 만약 누군가가 인생이 지루하다고 말한다면, 저는 그 사람이 지루한 사람이라서 그렇다고 생각할 거예요. 지루하기 싫으면, 무언가를 하면 되거든요. 강가를 걷기만 해도 되는데, 아무것도 하지 않기 때문에 지루한 거라고 생각해요."

루비의 말이 맞다. 삶은 너무나 단순하다. 돈도 평판도 아등바등하며 내가 움켜쥐려고 했던 그것들은 나를 정말로 행복하게 해줄 수 없었다. 어쩌면 우리는 모두 잃어버린 게 아닐까. 의외로 행복은 맛있는 식사 앞에서, 집

앞 공원 벤치에서 항상 날 기다리고 있었다는 사실을.

불행을 물리치는 주문은
'지금'

영화 해리포터 시리즈 3편을 보면 감옥을 지키는 간수 '디멘터'가 나온다. 검은 망토를 뒤집어쓴 채 허공을 떠다니는 괴물들. 그들이 가까이 왔다는 것은 주변의 온도를 보면 느낄 수 있다. 모든 것이 싸늘하게 얼어버린다. 이들의 특징은 사람을 공격할 때 행복한 기억을 빨아 먹는다는 것. 공격당한 사람은 결국 끔찍한 기억들만 남아, 삶을 제대로 살아갈 수 없게 된다.

가끔 우리는 '불행'이라는 단어를 제대로 정의하지 못하고 있다는 생각을 했다. 어른들은 우리에게 묻는다. "옛날에 우리는 끼니 걱정을 해야 했어. 너희는 안 그렇잖아. 그런데 뭐가 불행해?" 가난, 질병, 전쟁…. 겉으로 드러난 고통스러운 상황이 없으면 우리는 행복할까?

서른에 접어들고 얼마 되지 않았을 때, 삶을 끝내려고

한 적이 있었다. 겉보기에는 불행하지 않았다. 남들 보기에 번듯한 직장, 나름대로 괜찮았던 벌이, 예쁜 옷과 화장품으로 치장하고 그럴 듯하게 사는 삶.

그러나 나는 죽음과 가까운 상태로 살고 있었다. 동이 트고 해가 떠 있는 낮에도 홀로 어둠 속을 걸었다. 해가 뜨는 게 무서웠고, 잠을 청하는 그 순간이 고통스러웠다. 몇 시간이 지나면 다시 눈을 떠야 하니까. 술에 취해 잠에 빠져드는 그 몇 초 동안 이대로 숨이 멈춰버렸으면 좋겠다는 생각을 했다.

늘 생각했다. '삶을 멈추는 버튼이 있다면, 이미 눌러버렸을 거야.' 왜 삶에는 시작하는 버튼도 끝내는 버튼도 없을까. 중심이 없어 휘청거리던 나에게 세상은 온갖 방법을 제시했다. 지금보다 더 높이 올라가면 괜찮아질 것처럼, 더 많이 가지면 괜찮아질 것처럼. 나는 그 소음에 휘청거렸다. 알고 있는 방법은 자전거 페달을 세게 밟듯 삶의 속도를 올리는 것뿐이었다. 살을 빼고, 피부과를 다니고, 워커홀릭처럼 일하고 집에 오면 술로 정신을 마취시켰다. 생각을 끊을 수 있게. 당시 내가 방황했던 이유는 목표를 잃었기 때문이었다.

문화방송에 입사하기 전, 내 꿈은 대한민국 최고의 방송국에서 일하는 기자였다. 하지만 막상 이루고나니, 황무지 위에 혼자 서 있는 것 같았다. 좁은 오피스텔에서 적막 속에 잠들고 나면 직장에서는 사람들이 서로를 평가하고 비교했다. 인정받아야 한다는 이야기, 모두가 네가 어떻게 하는지 지켜보고 있다는 이야기, 그러니까 잘해야 한다는 이야기….

운동화 끈을 질끈 묶고 세차게 달렸다. 먼지와 비바람을 정면으로 맞았더니 연착륙했다는 평가가 돌아왔다. 그러나 조금씩 깨달아지는 게 있었다.

'이 경기에 피니시 라인은 없었던 거야.' 남은 인생도 월급을 받으며 지금처럼 살아야 한다. 그게 당연하다. 당연한 게 맞다. 아니, 당연한 걸 거야. '그런데 난 뭘 위해서 달려야 하지?' 돈을 좀 써보면 어떨까하고, 좋은 옷도 사 입어 봤다. 고급 레스토랑도 몇 번 가봤다.

뇌는 같은 자극에 무뎌진다. 도파민은 계속 나오지 않았다. 병원에서는 우울증 전조 증상이라며 약을 줬다. 생각해보니 내가 세운 목표에는 이유가 없었다. 애초부터 나는 현실을 벗어나기 위해 목표를 정했다.

무시당하고 싶지 않아서 공부를 시작했고, 더 나은 직장에서 돈을 더 잘 벌고 싶어서 이직을 했고, 이제는 그걸 다 이뤘다. 더 이상 나를 무시하는 사람들도 없었고, 돈도 부족하지 않았다. 그런데 그 끝에는 아무것도 없었다.

무시당하지 않고, 돈이 있으면 행복할 줄 알았다. 바보처럼. 행복은 그렇게 얻을 수 있는 게 아니었는데. 나는 길가에 피는 꽃을 한 번 볼 시간도 없었고, 친구에게 줄 엽서를 살 시간도 없었다. 그 시간들을 인생에서 다 지웠다. 내가 불행해 보인다고 말해줄 사람도 사라져갔다. 죽음으로 가는 길은 전혀 특별하지 않았다. 삶을 끝낼 용기는 그때 나왔다.

'죽는 게 더 낫겠다' 어떻게 하면 고통을 덜 느끼고 죽을 수 있을지 고민을 하고 있던 때, 한 통의 전화가 내 마음을 돌렸다. 엄마였다.

"너 목소리가 왜 그래?"

"왜?"

"목소리가 너무 안 좋아. 괜찮아?"

"괜찮아. 별일 아냐."

"아영아, 너 그때 재미있는 언니 있다고 했잖아."

"누구?"

"광주에 산다던 언니."

"응."

"그 언니한테 전화해서 수다도 떨고 그래."

"알았어."

엄마는 안다. 내 뱃속에서 나온 자식의 목소리만 들어도. 엄마는 나와 한 살 차이 나는 그 언니를 기억해냈다. 방송국은 다르지만, 그녀도 기자였다. 우리는 같은 해에 입사했다. 왠지 전화가 하고 싶어졌다. 언니에게 전화를 걸었다.

"아영! 무슨 일이야?"

"언니…."

눈물이 뚝뚝 떨어졌다. 언니는 한 시간 동안 나를 웃겨 줬다. 한참 웃는데, 언니가 말했다.

"야, 지금 당장 카페로 가. 가서 예쁘게 사진 한 장 찍어서 올려줘. 내가 네 얼굴이었으면 매일 찍어서 올렸을 거다."

마법 세계에서 디멘터를 물리칠 수 있는 주문이 있다. '익스펙토 패트로눔' 이 마법을 쓰려면, 가장 행복했던 순간의 기억을 떠올려야 한다. 그저 떠올리기만 해서는 안 되고, 그 기억에 온 힘을 다해 집중해야 한다. 영화 속 해리는 이 주문을 외울 때, 친구들과 함께 있던 순간을 떠올렸다.

나의 주문은 뭘까. 남편과 시답잖은 농담을 나누며 배꼽 빠져라 웃었던 기억. 엄마와 따뜻한 온천에 앉아 두런두런 얘기를 나눴던 순간. 어린 시절 아빠와 공원에서 달리기 시합을 했던 추억.

우리는 가끔 순간적인 만족감과 행복을 혼동하기도 한다. 원하는 직장에 입사했던 순간은 기뻤지만, 영원한 행복을 주지는 않았다. 디멘터를 물리치는 방법은 의외로 간단했다. 지금 웃어야 한다. 웃음을 내일로 미루면, 그 웃음은 영원히 오지 않을 수도 있다.

안녕하세요?
지옥에서 이사 왔습니다

　겨울이 지나면 봄이 찾아온다. 꽃이 피고 탁 트인 하늘을 보면, 잔인한 추위도 금방 잊혀진다. 인간에게 주어진 최고의 축복은 망각일지도 모른다.

　대만의 초콜릿 가게였다.

"이것 필요하지 않으세요?"

"아, 감사합니다."

"그 식탁이 글을 쓰기에 불편할 것 같아서요. 이걸 받치면 한결 나을 거예요."

　펜을 빌려달라고 하니 그녀는 책받침까지 건넸다. 이번 대만 여행이 유독 행복했던 건 이런 소소한 친절을 마주할 때가 많았기 때문이다. 그녀가 준 책받침 위로 2년 동안 나를 밝은 모습으로 만들어준 남편에게 편지를 쓰기 시작했다.

– 휘준아, 안녕! 오늘은 타이베이 여행의 마지막 날이야. 오늘 하루는 계획 없이 시작했어. 하루 쉬려고 했는데, 쉬려고 하니까 일이 잘 풀리더라고.

서툰 편지였다. 그는 받자마자 내게 물었다.

"사랑한다는 말 어딨어?"
"앗…."
"다음에는 사랑한다고 적어줘야 해."
"알았어."

'아차' 나는 편지를 쓸 때마다 얼어붙는다. 컴퓨터로 기사를 쓰는 건 익숙한데, 손으로 마음을 쓰는 건 너무나 서툴다. 이유는 두 가지인데, 우선 마음을 전하는 게 아직은 좀 서툴다. 불평한 적은 있어도 사랑한다거나 행복하다는 말은 속으로 묵힌다. 모처럼 전하는 편지에 다정한 표현이 있으면 좋으련만, 평소에도 그런 말들을 잘 꺼내지 않으니.

두 번째 이유는 펜이 주는 어색함. 한 글자를 적으면

'TERRA Bean to Bar Chocolate'의 직원이 빌려준 책받침
과 볼펜. 남편은 지옥에서 웅크리고 있던 나에게 도착한 천
국의 초대장 같은 거였다.

수정펜을 쓰지 않는 이상 지울 수가 없다는 게 불편해 고심하게 된다. 한 자 한 자 꼭꼭 눌러서 쓰다가 마음에 안 들어서 찢어서 버리고 다시 새로운 종이를 꺼내서 쓰기를 여러 번. 일기를 쓸 때는 어차피 혼자 볼 내용이니까 괜찮은데, 편지를 쓸 땐 펜을 쥐기 전 늘 망설인다.

'쓸까, 말까.' 사실은 그게 정상이다. 말은 그렇게 해야 한다. 종이에 적힌 것만 남는 게 아니라, 내뱉은 말도 마음에 남는다. 편지를 쓰듯 말을 하고 산다면, 사람들끼리 서로 상처를 주고받는 일이 좀 적어질까?

죽고 싶다는 생각을 했던 게 불과 3년 전 일이다. 그사이에 많은 것이 바뀌었다. 남편과 나는 처음 만났을 때 친구 사이였다. 남편은 나의 첫인상에 대해 이렇게 말했다.

첫인상이 어땠냐고? 좀 시니컬하다는 느낌…. 이유는 모르겠지만 좀 어두웠어. 근데 친해질수록 가끔 장난을 치더라. 그때부터 관심이 생겼어. 너라는 사람은 어떤 사람일까 하고. 나는 밝은 사람을 좋아하거든. 좀 더 시간을 같이 보내면, 네 밝은 모습을 좀 더 꺼내볼 수 있을 것 같은 생각이 들었어.

　같은 풍경을 바라보더라도 계절이 바뀔 때마다 느껴지는 게 다르듯, 어떤 생각을 하고 사느냐에 따라 살고 있는 세상이 달라질 수도 있다. 나는 남편 덕분에 3년 만에 지옥에서 천국으로 이사를 와버렸다. 얼어붙은 땅이 풀리고 마침내 봄이 내린 세상처럼.

일은 내가
존재하는 이유가 아니었다

　자신에게 저지른 가장 큰 잘못이 무엇이냐고 묻는다면 주저하지 않고 대답할 수 있다. 나는 내가 하는 일로 나를 판단했다. 존재의 이유를 직업에서 찾았다. 정의로운 일을 하면 내가 가치 있는 것처럼 보였다. 소위 말하는 '소명'을 일에서 찾았다. 내가 정한 소명은 살기 싫을 때마다 내 존재의 이유가 됐다.

　아니, 좀 더 정확하게는 존재하기 위한 구색 맞추기랄까. 당연히 말도 안 된다. 그런 식이라면, 내 일이 무가치

하게 느껴질 때마다 존재의 이유도 사라져야 하니까. 나는 션과 루비 부부로부터 삶을 대하는 법을 배웠다.

션의 과거 직업은 학교 선생님이다. 그는 퇴근하고 틈틈이 시간을 쪼개서 그래픽 디자인을 했다. 당시 루비의 직업은 마케터. 5~6년가량 직장인으로 살았다. 그녀에게도 어느 날 삶의 쉼표가 찾아왔다. '더 이상 상사를 위해서 일하고 싶지 않아.' 직장을 그만둔 루비는 영어 학원을 시작했다. 학생들이 하나, 둘 늘면서 학원이 점점 커졌다.

그러다 두 번째 변곡점을 만났다. 임신이었다. 루비는 남편에게 선생님이라는 직업을 그만두는 게 어떠냐고 제안했다. "당신이 좋아하는 그래픽 디자이너 일을 본격적으로 해보는 건 어때?" 그래픽 디자이너는 근무 시간이 상대적으로 자유로웠기 때문에 육아를 병행할 수 있었다. 루비가 낮 시간에 집을 비우고 일하는 동안 션이 아이를 돌보는 계획이었다.

그래서 그래픽 디자인 업체를 열었다. 초창기에는 션만 그 일을 했지만, 곧 루비가 영어 학원을 접고 합류했다. 그녀에게는 더 중요한 게 있었다. '언젠가 아들은 내품을 떠날 거야. 돈은 다시 벌면 되지만, 아이와 함께 할 수 있는 시간은 지금 뿐이야.' 당시 영어학원이 순항 중이었기에 더 운영하면, 더 벌 수 있었다고 했다. 그러나 그녀는 과감하게 인생의 항로를 틀었다.

운명의 수레바퀴는 그녀를 더 나은 삶으로 안내했다. 마케터로 일했던 경험을 살려, 남편의 그래픽 디자인 사업에 지원군으로 뛰어들었다. 루비에게는 사람을 보는 눈이 있었다. 사업 파트너를 만날 때마다 그녀의 감이 발동했다.

동시에 작은 카페를 열었다. 바로 그들과 내가 처음 만난 그 카페였다. 루비가 내게 말했다. "그래픽 디자인 일은 고객에게 맞춰줘야 하지만, 카페는 그럴 필요가 없잖아요. 그들은 우리가 주는 커피를 마시고, 자유롭게 시간을 보내다가 가면 되니까요." 지금은 세계 각지의 여행자들이 커피를 마시러 들르는 맛집이 됐다.

두 사람은 있는 모습 그대로 행복할 줄 알았다. 존재의 이유를 직업에서 찾지 않았다. "저희 가족은 한 달에 한 번씩 주말에 이 곳 카페에 모여요. 아들과 같이 요리를 해서 밥을 만들어 먹어요. 저에게는 그 시간이 매우 소중해요."

어쩌면, 나는 스스로에게 내 존재의 가치를 증명하려 애썼는지도 모른다. 인생의 행복을 찾기 위해 엉뚱한 곳에 집중했다. 사람들에게 인정받고, 더 많은 월급을 받으면 내 자신이 가치 있어질 수 있다고 은연중에 믿었다. 그런 방식으로 스스로가 가치 있다고 느껴지면, 그제야 행복을 손에 쥘 수 있을 것 같았다. 그러기 위해 머릿속에 내가 살고 싶은 완벽한 그림을 한 장 그렸다. 그림에는 있는데 현실에 없는 부분은 내 노력으로 채워 나가려고 애썼다.

그런데 내가 간과한 것이 있었다. 어느 누구도 어떤 사람의 인생을 함부로 판단해서는 안 된다. 세상의 모든 살아 있는 것들은 살아 있는 그대로 존중받을 가치가 있다. 우리는 풀 한 포기마저도 소중해서 잔디밭을 소중히 다루는데, 하물며 나는 내 자신에 대해 존재할 가치가 있는지 없는지를 평가하고 있었다. 그건 나를 병들게 만드는 지름길이었는데.

직업은 존재의 이유가 될 수 없다. 아니, 세상에 있는 그 어떤 것도 내 존재의 이유가 될 수 없다. 나는 태어난 그 자체만으로 존중받아 마땅한 사람이다.

사람은 저마다의
아픔을 품고 산다

중학교 3학년, 처음으로 정신과 약을 복용했다. 정신과 의사가 말했다. "아마 아주 좋아져봐야 지금 겪는 증상의 절반 정도는 남게 될 겁니다." 나는 안전에 대한 강박이 있었다. 공부를 하러 방에 들어가면 스톱워치를 켰다. 공부 시간을 재기 위해서가 아니라 견디기 위해서였다. 방 안에 갇혀서 공부에 집중하는 동안 불안감이 조금씩 차올라 발바닥이 땀에 흠뻑 젖었다.

'조금만 더… 조금만 더 버티자.' 스톱워치가 60분을 채우고 나면, 나는 밖으로 튀어나갔다. 첫 증상은 중학교 2학년 말에 시작됐다. 드라마를 보고 있는데, 현관문이 계속 신경 쓰였다.

'한 번만 확인하고 와야지.' 문이 잠겼는지 확인하고 돌아왔다. 또 신경이 쓰였다. 분명 확인한 것을 인지하고 있었음에도 왜인지 모를 불안감이 스멀스멀 올라왔다. 드라마에 집중이 안 됐다. '한 번 더 확인하면 괜찮아지겠지.' 그렇게 5번을 확인했다. 스스로 이상하다는 것을 감지하기 시작했다. 하지만 멈출 수 없었다.

중학교 3학년이 됐다. 친구가 만화책 한 권을 빌려왔다며 내게 건넸다. 평소에도 늘 함께 빌려서 보던 만화책이었는데, 그날따라 너무 더럽게 느껴졌다. 만화책을 만지면 당장이라도 화장실에 가서 손을 씻어야 할 것 같은 느낌이 들었다. 이상하게 보이기 싫어서 집긴 집었다. 두 손가락으로.

"뭐야. 왜 만화책을 그렇게 들어." 친구가 피식 웃으면서 다시 가져갔다. 다행히 그 시절 내 주변에 있던 친구들은 내 행동을 대수롭지 않게 여겼다. 웃음과 장난기가 많던 친구들이었다. 깔깔거리며 농담하고 간식을 먹다 보면 시간이 금방 지나갔다. 그 시간이 지나가지 않길 바랐다. 집에 오면, 금방 우울해졌고, 불안감과 혼자 싸워야 했기 때문이다.

용하다는 한의원에 찾아갔더니 내 머리 위에 뜸을 떴다. 너무 뜨거워 참을 수 없어서 중간에 그만뒀다. 그 뜸은 내 머리 중앙에 작은 흉터만 남겼다. 그리고 지금도 그 자리에는 머리가 나지 않는다.

나는 정신과에 갔다. 증상을 말했더니 약 봉지를 주며 말했다. "강박증인데 결벽으로 증상이 옮겨갔네요. 이 약으로 치료할 수는 없어요. 증상이 나아질 때까지 상담을 하면서 불안을 가라앉히는 거죠."

어느 날은 책 표지에 뭔가 묻어있는 게 보였다. 도저히 그 부분을 잡을 수 없을 것 같았다. 책 표지를 뜯어냈다. 그렇게 고등학생이 됐다. 그 시절, 정신과를 찾는 학생들은 지금처럼 흔치 않았다. 아니, 사실은 흔했는지 안 흔했는지 모른다고 해야 정확하다. 단지 겉으로 드러내놓고 말하는 분위기가 아니었을 뿐. 그런 분위기였기 때문에 열일곱 살의 나는 어린 마음에 정신과 약을 먹는다는 사실을 숨기고 싶었다.

그러나 내 증상은 숨기기 어려울 정도로 심해져 있었

다. 집에 들어오면 손을 1시간 동안 씻었다. 당시 내가 좋아하던 드라마가 TV에서 나오고 있는데도, 화장실에서 나갈 수 없었다. 그때 전화 한 통이 걸려왔다. 아빠였다. 나는 화장실에 주저앉아 울었다. "아빠… 나 한 시간 동안 손 씻었어요. 나 왜 이래?" 아빠는 회사 일 때문에 주말 빼고는 집에 없었다. 엄마는 갑자기 이상하게 변해버린 나를 보며 똑같이 당황했고, 슬퍼했다. 나의 인생이 이렇게 망가지는 것 같았다.

그러던 어느 날, 한 친구에게 털어놓은 나의 비밀이 다른 친구들에게 알려졌다. 다른 친구가 내게 말해줬다. "나 사실… 너 정신과 약 먹는다는 얘길 들은 적이 있어." 아파서 약 먹는 건 당연한 일이지만, 어렸기에 속상했다. 내가 숨기고 싶었던 이야기가 다른 친구들에게 알려지는 게 싫었다.

나는 말수가 적어졌고, 어두워졌다. 사람들의 눈을 마주치는 것도 조금씩 무서워졌다. 그때는 이 병만 나으면 뭐든지 할 수 있을 것 같았다. 길에서 마주치는 사람들을 볼 때마다 이 생각부터 들었다. '저 사람은 강박증이 없

겠지.'

강박증은 학교생활에 큰 지장을 초래했다. 성적이 떨어졌고, 교우 관계에도 문제가 생겼다. 고등학생이 돼서 새롭게 친해진 친구들은 내 증상을 보고 조금씩 나와 거리를 두기 시작했다. 나조차 그들이 나와 거리를 두는 걸 이해했다. 계속해서 씻는 내 행동이 잘못됐다는 걸 알면서도 멈출 수가 없었으니까.

사람이 여든 살이 되면 죽는다는데, 나는 열일곱 살밖에 되지 않아서 한스러웠다. 이런 하루들이 계속 돼야 한다는 사실이 사무치게 싫었다. 언제 낫게 되는지, 나을 수는 있는 건지 모든 게 혼란스러웠다.

그러던 내게 단 한 명의 친구가 손을 뻗었다. "수도꼭지를 못 잠그는 게 어때서? 내가 잠그면 되지." 그녀가 수도꼭지를 잠갔다. 당시 나는 손을 씻고 나면 수도꼭지를 만지기 두려워했고, 수도꼭지를 잠그고 나면 다시 손에 뭔가 묻은 것 같아서 물을 틀어서 씻는 일을 반복했다.

나조차도 이상하게 변해버린 내 모습을 보며, 스스로를 혐오했다. 그런데 그걸 아무것도 아니라고 말해주는 한 명의 친구가 나타나자 눈물이 왈칵 쏟아질 것 같았다. 내 삶에 천사가 나타난 느낌이었다. 얼마 뒤, 다른 친구들 두 명도 내게 다가왔다.

"우리 같이 다니자." 그렇게 우리는 고등학교 3학년까지 함께했다. 함께 밥도 먹고, 장난도 쳤다. 서서히 나의 증상은 사라져갔다. 눈을 질끈 감고 수도꼭지를 잠갔고, 책 위에 더러운 게 있다는 생각이 들어도 꾹 참고 버텼다. 강박증은 조금씩 사라져 갔지만, 흉터는 남았다.

'사람들은 진짜 내 모습을 알면 나를 싫어할 거야.' 대학교에 입학하면서 든 생각이었다. 나를 모르는 새로운 친구들과의 만남. 그 안에서 나는 내 모습을 들킬까 봐 두려웠다. 강박증 증상을 보이게 될까 봐, 그걸 보면 나를 떠날까 봐.

그 시절 나는 스스로에 대한 혐오감으로 가득했다. 사람들이 내 원래 모습을 알면 무시할 거라는 생각을 잠재우기 위해, 미친 듯이 달리기 시작했다. 세상이 말하는 기준에 맞춰 더 높이 올라가면, 더는 무시당할 일이 없을 거라고 생각했다.

대학교 1, 2학년 때 나는 그 흔한 MT 한 번 가지 않았다. 고등학교 때 곤두박질쳤던 성적을 메꾸기 위해 높은 학점을 따서 다른 학교로 편입을 했다. 졸업 후에는 방송국 기자로 입사했고, 입사 이후에는 메이저 방송국으로 옮겼다. 그 시기 강박증 증상은 거의 사라졌다. 결벽증은 나만 알 정도만 남아 있었다.

지나간 것을 확인하고 또 확인하는 습관은 취재 기자 업무에 오히려 큰 도움이 됐다. 기자의 업무 중 하나가 기사의 아주 작은 부분까지도 계속해서 확인하는 거였으니까. 문제는 아직도 회복되지 못한 내 자존감이었다. 그건 내가 쌓아올린 사회적인 위치로는 극복되지 않았다. 더 높이 올라갈수록 내가 해내기 버거운 일들이 따라 붙었고, 그걸 해내야만 내 존재가 증명될 수 있다는 생각에 다시 나를 절벽 끝으로 몰아세워 그 일을 해내고야 말았다.

하지만 인간은 그런 걸로 채워지지 않는다. 사람들에게 받는 인정은 어디에 새겨지거나 손에 쥐어지는 것이 아니다. 잠깐 피었다가 지나가는 무지개처럼 곧 사라진다. 어느 누군가는 과거의 훈장을 자랑스럽게 꺼내며 더 이상 따낼 수 없는 훈장에 대한 보상을 받으려 하겠지만, 오히려 공허함만 더해줄 뿐, 그런 행동은 아무것도 해결해줄 수 없다.

나는 대학교에서 복수 전공으로 상담심리학을 선택했다. 언젠가 나와 같은 아픔을 겪는 사람과 마주칠 기회가 온다면, 그 사람의 손을 잡아줄 수 있지 않을까 하는 막연한 생각으로. 강박증에 고통받았던 그 시절, 내가 간절히 바란 한마디가 있었다. "네가 이상한 게 아니야. 괜찮아." 걱정 어린 눈빛도 감사했지만, 그보다 더 필요한 건 무조건적인 포옹이었다.

피부 껍질이 벗겨져서 하얘질 정도로 씻는 나를 낯설게 바라보던 그 눈빛들이 나는 아직도 기억이 난다. 너는 단지 병에 걸렸을 뿐이라고, 가만히 안아주는 그런 이가 있었더라면, 그 시기를 견뎌내는 게 조금 더 수월하지 않았을까.

사실 강박증 때문인지 나는 고등학교 시절이 잘 기억나지 않는다. 내 마음이 그 시절의 기억을 밀어내고 있는 건지도 모르겠다. 이 책에 당시의 이야기를 싣는 것도 큰 용기가 필요했다. 하지만 지금 어느 곳에서 나와 같은 아픔을 겪고 있는 사람이 있다면, 꼭 말해주고 싶다. 당신이 이상한 게 아니라고.

당신은 일에
무엇을 담고 있나요

"휘익" 나는 깜짝 놀라서 쳐다봤다. 바리스타의 입에서 난 소리였다. "아, 미리 맛보는 거예요." 그가 수줍게 웃으며 말했다. 방금 그가 한 것은 전문 용어로 '커핑(cupping)'. 스푼으로 커피를 떠서 입에 대고 강하게 빨아들여 커피의 향과 맛을 평가하는 방법이다. 카페를 좋아해 나름 다양한 곳을 다녀봤다고 생각했지만, 손님에게 커피를 내어주기 전에 일일이 커핑하는 바리스타를 본 건 처음이다.

추출 방식도 남다르다. 고운 커피 가루 위에 물을 붓자마자 다른 손으로 잽싸게 작은 스푼을 들어 가루를 젓기 시작한다. 손동작에는 그만의 박자가 있다. 추출된 커피가 후두둑 떨어졌다. 허리를 깊이 숙여 커피 가까이에 얼굴을 가져갔다. 향이 어느 정도인지, 어느 순간에 스푼을 놔야 할지 생각하면서.

"원래는 밖에서 장사했어요. 2년 동안 저 오토바이에서 커피를 팔았죠." 가게 문 앞에는 그와 동고동락했던 낡고 작은 오토바이 한 대가 서 있었다. 아마도 커피를 만들기 위해 부지런히 들고 다녔을 손때 묻은 작은 상자도 함께. 그 위에 얹어둔 강아지 조각상이 보였다.

"'유기견 블렌드' 커피예요." 그가 내게 커피를 건네며 말했다. "유기견 블렌드요?" 그는 작은 종이 카드를 보여주었다. 그곳엔 'Homeless dog blend'라고 적혀 있다. 내게 무언가를 설명하려다 아이패드를 켰다. 통역 기능을 켜자 화면 위에 한국말로 해석된 그의 말이 적혔다.

"먼저 이 커피에 대해 설명해드릴게요." 내가 끄덕이자 그가 말을 이었다. "여기에는 다양한 원두가 섞여 있어요. 여러 종류의 원두가 섞여서 아주 좋은 향을 내죠." 내가 커피 한 모금을 마셨다. '향긋하네.' 적당히 산미가 섞인, 내가 좋아하는 맛이었다. "맛있네요. 제가 좋아하는 향이에요." 그가 뿌듯해했다. 다시 하려던 말을 이어갔다.

"대만에 있는 유기견은 대부분 믹스견이에요. 믹스견은 순종견에 비해 유전적으로 건강하다고 알려져 있어요. 커피도 여러 원두가 섞여서 더 좋은 향을 낼 때가 있는 것처럼, 믹스견도 더 튼튼할 수 있으니까 인식을 바꾸고 싶었어요. 강아지들이 새로운 주인을 찾아갈 수 있도록요. 개는 떠돌아다니면서 살기 어려워요. 사람과 함께 사는 동물이잖아요."

이 바리스타는 모든 수입의 3%를 유기견을 위해 기부하고 있다. 순간 부모님 댁에 있는 강아지가 머릿속에 스쳐 지나갔다. 고등학생 때부터 나와 친구처럼 지냈던 강아지. 세월이 흘러 벌써 열다섯 살이 됐다. 그 아이는 지금 아프다.

"어서오세요." 한 남성이 대형견 한 마리를 데리고 들어왔다. 강아지 이름은 '치즈'. 커다란 덩치를 가졌지만 순하고 사람을 잘 따른다. "우리 집 단골손님이에요." 치즈의 주인이 내 옆 테이블에 앉았다. 그가 내게 인사를 한 뒤 말했다. "치즈가 나이가 많아서 한쪽 눈이 불편해요." 그러고 보니, 강아지의 한쪽 눈이 탁한 게 보였다. 후각에 의지해 주변을 감지하려 애썼다. 내가 말했다.

"우리 집에도 강아지가 있는데 치즈와 나이가 비슷해요." 그가 끄덕였다. 가게에는 강아지를 위한 물통이 있다. 치즈가 목을 축이고 돌아왔다. 그가 말했다. "믹스견이라 그런지, 나이에 비해 건강한 편이에요."

치즈가 조금씩 내게 다가왔다. 옆에서 바리스타가 치즈의 머리를 쓰다듬으며 말했다. "이렇게 천천히, 부드럽게 만져주면 좋아해요." 손으로 머리를 살짝 쓰다듬었다. 처음에는 낯선 듯 움츠렸다. 한 번 더 부드럽게 쓰다듬었다. 움츠렸던 몸이 점점 편안해졌다. 치즈는 그렇게 한참을 내 곁에 서 있었다.

이 가게 주인은 자신의 일에 빛을 담으려 노력했다. 삶의 대부분을 써야 하는 일에 빛을 담을 수 있다면, 그만큼 멋진 인생이 또 있을까? 나 또한 그런 순간들이 없지는 않았다. 현장에서 분노나 슬픔을 느끼고 난 뒤에는 기사에 빛이 담겼다. 어두운 곳을 조금이라도 밝혀주길 바라며 한 단어, 한 단어를 고민하며 써내려갔다.

그런 시간들이 더 많아지려면, 이제는 내가 좋아하는

'RockyDoggy Coffee Store'의 바리스타는 나에게 여러 원두가 섞인 유기견 블렌드(Homeless dog blend)를 소개 해주었다. 나올 때 보니 가게 간판에 작게 '더 나은 삶(Bet-ter Life)'라고 적혀져 있는 것을 볼 수 있었다. 바리스타는 일 속에 자신의 선의를 녹이고 있었다. 나는 글을 쓰며 무 엇을 녹이고 있을까. 다른 이들은 자신의 일 속에서 무엇을 녹이고 있을까.

일을 해야 한다. 30대 중반의 문턱을 넘기 전, 온전히 나를 던질 수 있는 일을 찾고 싶었다. 일을 즐길 수 있다면, 빛을 담기도 쉬워질 것이다. 나는 그 일이 무엇인지 이미 알고 있다.

세상에서 가장
빼앗기기 쉬운 것

한동안 불면증 때문에 커피를 멀리했다. 하루에 두세 잔 마시던 양을 한 잔으로 줄였다. 대신 차를 찾았다. 녹차와 홍차, 우롱차 등. 새롭게 빠진 차의 세계는 커피만큼이나 섬세하고 넓었다.

찻집 사장님이 말했다. 촘촘하고 가지런히 정리된 턱수염에 까만 뿔테 안경을 쓴 그도 나와 같은 30대였다.

"그런 말이 있죠. 20대 때는 커피를 마시다가 30대 중반이 되면 차를 찾기 시작하고 60대가 되면 다시 물로 돌아간다고요."

"결국 다시 물을 마시게 된다고요? 하하하."

내가 웃었다. 그가 빙그레 미소 지으며 티스푼을 집어 들었다. 이 날 방문한 차 가게는 대만 타이베이에 있었다. 예약제로 원래는 한 시간 동안만 시음할 수 있지만, 첫 방문이라 30분 더 길게 진행됐다.

차든 커피든 만드는 과정을 보는 건 항상 흥미롭다. 대나무를 반으로 잘라놓은 듯한 나무통에 찻잎을 가득 담은 뒤 그가 건넸다. "향을 한 번 맡아보세요." 가끔 차향을 맡으면 비 내리는 날이 떠오른다. 촉촉하게 적셔진 세상에 모든 먼지가 가라앉은 풍경이. 차분해지면서 오롯이 나만의 세계에 잠겨드는 이 기분. 나는 그 느낌을 좋아한다.

데워뒀던 차 그릇 안으로 찻잎이 도르르 흘러내린다. 뚜껑을 덮고 좌우로 흔들자 달그락거리는 소리가 난다. 나는 언제부터 이 일을 했는지 물었다. "음… 스물두 살 때부터 시작했으니까 15년 됐네요."

그의 인생사에는 반전이 있었다. 대학에서 그는 약학을 전공했다. 하지만 일찌감치 약사는 자신의 길이 아니라는 것을 깨달았다. 졸업한 뒤 우연히 일하게 된 찻집에서 그는 자신이 가야할 길을 단번에 알아봤다. "저는 사람들의 이야기를 듣는 걸 좋아하거든요."

차를 만들고, 사람들과 대화하는 일련의 과정에 그는 폭 빠져버렸다. 그러나 세상은 스물두 살 청년의 용기를 그냥 두지 않았다. 찻잎 농장주들은 텃세를 부렸다.

"제가 주문했던 찻잎과 다른 찻잎을 보내주실 때가 많았어요. 다시 연락해서 항의를 하면, 어린놈이 뭘 아냐는 식의 반응이 돌아왔죠."

15년이 지난 지금, 농부들은 더 이상 그를 속이지 못한다. 내 뒤에는 커다란 찻잎 봉지 두 가마가 있었다. 그는 1년에 두세 번씩 대만의 차 밭을 돌며 좋은 차를 선별해 온다. 지금은 아무렇지 않게 그 시절을 회상하지만, 새로운 도전을 할 때는 얼마나 고민이 많았을까.

10년 전쯤, 내가 승무원 일을 그만두고 언론사 입사를 준비하려 했을 때, 수많은 사람들이 한마디씩 던졌다.

"여기는 전쟁터지? 밖은 지옥이야."

"그 좋은 직장을 그만두고 나간다고? 좀 더 버텨봐. 다들 그렇게 살아."

지금 내 인생에서 가장 잘한 일 중에 하나는 그때 그 말을 듣지 않았던 것이다. 만약 들었다면, 맞지도 않는 스커트에 스카프를 메고 일 못하는 멍텅구리가 됐다가 몇 년쯤 뒤에 다시 퇴사를 고민했을 테니까. 힘들게 언론사에 입사한 후에는 그 말들은 다 사라질 줄 알았다. 그런데 사람들이 또 한마디씩 거들었다.

"승무원을 하다가 왜 강원도로 갔어?"
"그럴 거면 그만두지 말지. 대기업이 더 낫지 않아?"

그저 격려와 축하만으로도 버티기 쉽지 않았던 시간들이었는데. 가끔 사람들은 남의 인생에 대해 너무 쉽게 말할 때가 있다. 이를 악물고 2년 반 동안 초년 시절을 견뎌내던 중 운이 좋게 원하던 방송국으로 이직을 했다. 잠시동안 사라진 줄 알았던 그 사람들은 약 8년의 기자 생활을 접을까 고민하던 그 순간에 어떻게 알고 귀신 같이 나타났다.

"나가서 더 잘 될 자신 있어?"

"이만한 직장이 어딨어?"

한마디씩 던지고 가는 말들이 모여 찻잎 봉지처럼 커졌다. 봉지에 깔린 용기는 외면당한 채. 사람들은 그게 쥐어짜낸 용기였는지 알지도 못하고, 관심도 없다. 그저 불행하고 싶지 않다는 누군가에게 자기 머릿속에서 튀어나온 생각을 쉽게 한마디씩 던지고 지나간다. 아이러니하게도, 그들의 인생 또한 행복하지 않다.

저마다의 인생에는 미로가 있다. 내가 마주한 이 벽 너머에 뭐가 있는지 모른 채, 우리는 두 가지 갈림길 중에 늘 한 쪽을 선택해야 한다. 가끔은 그게 좀 돌아가는 길이 될 수도 있고, 운 좋게 더 나은 길이 될 때도 있지만, 때가 되면 그 뒤에는 또 다른 갈림길이 나타난다. 그러니까 가는 길을 즐기지 못하면 우리는 가기만 하다가 죽게된다.

완성된 그림 뒤에는 수많은 습작이 존재하고, 수없이 연필로 그렸다가 지웠던 스케치들이 있다. 그려 나가는

약사라는 안정적인 직업 대신 자신이 하고 싶은 일을 쫓았
던 'CHENGPION Tea House'의 주인. 가족들과 대만을 다
시 방문했을 때 그의 가게를 다시 찾았다. 그곳에서 그는
여전히 세상에서 가장 행복한 얼굴로 차를 내리고 있었다.

그 모든 과정을 인생이라고 생각한다면, 우리는 너무 중간 과정을 뛰어 넘고 결과만 바라보고 싶어 하는 경향이 있다. 만약 결과가 가장 중요하다면, 세상에 성장하고 있는 모든 것들은 속상해야 한다. 다 이루지 못했으니까.

드라마도 완성해나갈 이야기가 더 남아 있을 때 두근거림을 주고, 그림도 빈 공간이 남아 있을 때 기대하게 만든다. 지우개로 선을 지우고 다시 그리는 그 과정마저도 나의 아름다운 인생의 한 조각이다.

어차피 똑같은 미로 속에 서 있는 인간들끼리, 인생이라는 그림을 그리면서 '네가 옳은 선택을 했다'거나 '잘못된 길을 가고 있다'고 할 필요가 없다. 그 말을 하는 그도 자신이 미로 속 어디에 서 있는지 모르는 한 명의 인간일 뿐.

잘 우려낸 우롱차가 나왔다. "드셔보세요. 이건 좀 섬세하고 꽃향기가 많이 날 거예요. 커피를 맛보듯이 한 모금 깊게 마셔보세요." 다른 가게에서 배웠던 '커핑'이 생각났다. 입을 모아 휙 하고 한 모금 들이켰다. 혀끝을 타고 올라간 꽃향기가 코끝을 밀치고 나왔다.

"근데 왜 한 번에 한 팀만 받으시나요?" 나는 궁금했던 걸 물어봤다. 그 시각 가게에는 나밖에 없었다. 그가 운영하는 건 찻집이 아니라 찻잎을 파는 가게다. 더 많은 손님에게 차를 팔 수 있는 시간인데 의아했다.

"아, 제가 두 팀을 한꺼번에 받아봤는데요. 음… 별로 좋지 않았던 것 같아요. 두 팀을 받게 되면, 각자 개성도 다르고 경제적 상황도 다르기 때문에 바라보는 시선이 달라요. 그래서 서로를 불편해하시는 손님들을 봤어요. 그때부터 한 번에 한 팀만 받아요."
"맞는 말이네요."

그는 차를 마시는 시간만큼은 편안해야 한다고 말했다. 또 차를 마시며 나누는 대화도 중요하게 여겼다. 시음이 끝나고, 이제 내가 마신 차 세 잔이 앞에 놓여 있다. "옆으로 갈수록 색이 진해지죠? 향도 더 진해질 거예요. 남은 차를 드시는 동안 저는 잠시 비켜 있을게요."
어떤 찻잎을 사갈지 마음 편히 고를 수 있도록 충분한 시간을 내주었다. 주인은 손님의 편안함을 위해 잠시 다른 공간으로 자리를 피해줬다. 나는 양가 부모님께 드릴 찻잎까지 총 세 팩을 사서 나왔다. 소신과 집념이 만든 차는 맛있었다.

두 번째 걸음

소중한 것들을 찾아서

일본에서

지금도 삶은
한 조각씩 지워지고 있다

"째깍째깍" 뒤에 걸린 괘종시계가 말을 건다. '음악이 없는 카페라….' 삿포로의 어느 카페에 울려 퍼진 적막이 낯설게 느껴졌다. 나는 혼자 쓰기엔 넓은 듯한 4인용 식탁에 앉았다. 중년의 여성들이 부엌에서 담소를 나누다가 인기척을 느끼고 대화를 멈췄다. 곧 한 여성이 주문을 받으러 나왔다.

"오렌지 크레페랑 커피 한 잔 부탁드립니다." 부엌 왼편과 내가 있는 공간 사이에는 창 하나가 가로로 길게 뚫려 있다. 주방 기구들이 달그락거리는 소리를 내며 음식을 만들 준비를 시작한다. 아주머니들이 이따금씩 대화를 주고받으며 웃는다. 명절 아침에 할머니 댁에서 늦잠을 자다 일어났을 때 들리는 소리 같았다. 아늑하면서 활기찬 그 아침의 소리.

창밖에는 부슬비가 내린다. 내 청바지 끝자락도 촉촉하게 젖었다. 좀 전에 걸어오면서 튄 빗방울들이 녹아든 탓이다. 아마 잎사귀 위로 떨어지는 저 빗방울과 같은 것일 테지.

"토독…톡" 여린 잎들이 사르르 떨리며 빗방울의 무게를 견뎌낸다. 바다보다 산을 좋아하는 건 흐린 날에 마음껏 숨 쉬는 자연을 볼 수 있어서다. 눈앞에 촉촉하게 젖은 풀잎을 조용히 들여다보니 왜인지 가득 참았던 숨을 이제야 내쉬고 있는 것 같았다. 풀잎 입장에선 당연한 일이었다. 먼지로 답답했던 공기가 청량해지고, 몸에 붙은 더러움도 씻길 테니.

세상의 소음이 사라지면 다른 감각들이 깨어난다. 주

문을 받았던 여성이 크레페와 커피를 들고 나온다. 커피 잔이 내 앞에 놓여지는 짧은 순간 커피 향이 코끝을 휙 스친다. 적막했던 카페에 커피 향이 퍼져나가는 게 느껴진다.

작은 자극들이 이토록 예민하게 느껴지는 건 그동안 너무 큰 소음에 둘러싸여 살았기 때문이었을까. 평상시 내 귓가에 들리는 소음들은 아주 긴박한 박자들로 나를 내몰았다. 마치 러닝머신을 뛸 때 듣는 음악처럼.

"크레페 나왔어요." 접시를 내려놓은 아주머니가 호기심 어린 눈빛으로 나를 바라봤다. 무언가 말을 걸고 싶은 눈치였다. 나는 미소 지으며 답했다. "혼자 여행 중이에요."

아주머니가 정답게 웃으며 말했다. "그렇군요. 예쁜 아가씨네요. 맛있게 드세요." 가끔 혼자 여행하면 외로울 때가 있다. 그럴 때 모르는 사람이 건네주는 말 한마디는 큰 위로가 된다. 아주머니가 자리를 떠난 뒤 크레페를 한 조각 썰어 입에 넣었다. 갓 만든 크레페의 따뜻한 온기가 전해졌다.

"째깍째깍" 다시 괘종시계의 목소리가 커졌다. 시간이 지나가는 소리다. 생각해보면 참 슬픈 소리가 아닌가. 내 삶이 한 조각씩 지워지고 있는 소리이기도 하니까. 시간은 혼자 가지 않는다. 지난 봄에 아름답게 피었던 개나리, 잔잔하게 불어오는 가을바람, 그 바람을 같이 맞으며 기분 좋게 쌓을 수 있었던 부모님과의 추억처럼 시간은 사소하지만 놓치면 아픈 것들을 데리고 간다.

덧없이 흘러가버린 시간을 바라볼 때면 나는 꼭 쥐고 있던 두 손을 펴 확인해본다. 손바닥 위에는 상사의 인정이라든가, 올해 새롭게 마련한 좋은 패딩 같은 것들이 올려져 있다. 반짝거리지만, 시간이 지나면 다 사라질 것들. 그럼 두 가지 생각이 교차한다.

'그래, 나는 성실하게 일했어. 그 대가야.'
'고작 이딴 걸 얻자고….'

1년 전쯤, 14년을 키운 강아지가 죽을 뻔한 적이 있었다. 나이가 많았기 때문에 한 번 안 좋아진 건강은 급속도로 나빠졌다. 의사 역시 언제 죽을지 모른다고 했다.

소식을 듣자마자 차로 2시간 거리에 있는 부모님 집에 달려갔다.

도착했을 때, 강아지는 제대로 서 있기도 힘들어했다. 3시간 동안 강아지를 보며 울다 그치기를 반복했다. 다음 날 출근 때문에 그날 밤 다시 운전대를 잡으면서, 나는 한 번 더 오열했다. 일 때문에 놓쳤던 강아지와의 시간들이 생각났다. 언젠가 또 다른 나의 가족도 이렇게 허무하게 보내게 된다면, 나는 나를 용서할 수 없을 것 같았다. 다행히 우리 집 강아지는 부모님의 지극한 간호로 아직도 살아 있다.

여행자를 이토록 긴 상념에 빠져들게 만드는 이 가게의 이름은 '시간'이다. 이 카페에는 많은 시계가 걸려 있다. 내가 있는 공간에만 7개의 시계가 있다. 바깥 공간과 2층의 시계들은 훨씬 더 많다. 이 카페에 있다보니 꼭 시계들이 이렇게 말하는 것 같았다.

"시간을 붙잡으세요."

운동화만 신던 사람이
구두를 신고 일한다면

　시간을 되돌리고 싶었던 적은 많다. 그중 하나를 떠올려보니 타이트한 스커트를 입은 채, 어둠 속을 걷고 있는 내가 보인다. 내가 탄 비행기의 위치가 저 멀리 승객 의자 뒤에 달린 화면에 비친다. 만 스물네 살, 나는 지금 어느 바다 위에 있다.

　"딩동" 승객이 나를 부르는 소리. 나는 재빠르게 걸어간다.

　"필요하신 것 있으십니까."

　"라면 하나 주세요."

　"네, 알겠습니다."

　'헉' 심장이 두근거리기 시작한다. 장거리 비행에서 라면 주문이 시작될 때면 마음이 요동치기 시작한다. 비행기에서 풍기는 라면 향은 어찌 그리 달콤한지, 앞뒤로 자고 있던 승객들을 깨우기에 이른다. "딩동" 그래, 그럴 줄 알았어.

"네, 필요하신 것 있으…"

"저도 라면 하나 주세요."

　라면 파티의 시작. 한 개, 두 개…. 그 숫자가 많아질수록 향은 더 짙어지고 요구도 늘어난다. 식사 서비스가 끝나고 승무원들이 한숨 돌릴 시간, 갑자기 승객들이 잠에서 깨기 시작한다. 나는 마지막 라면을 치우고, 화장실에 들어가 문을 잠갔다.

　"철컥" 떨어진 휴지를 줍고, 세면대의 물기를 닦고, 휴지 끝을 삼각형으로 접어둔다. 허리를 숙인 순간, 스타킹에 작게 뚫린 구멍이 보인다. '또 뜯어졌네.' 내 스타킹은 유난히 잘 찢어졌다. 나만 재질이 다른 스타킹이냐고? 당연히 그렇지 않다. 동료들이 신던 것과 같은 제품이다. 나의 서투른 몸동작이 스타킹을 찢은 것이다.

　사실 난 평소에 치마를 잘 입지 않는다. 후드티에 청바지 혹은 맨투맨에 청바지가 가장 편해서다. 구두의 딱딱

함 역시 참을 수 없었다. 그래서 신발장에는 온통 운동화 뿐이다.

그런 내가 승무원 생활을 시작했다. 운동화를 신고 저벅저벅 걷는 대신 힐을 신고 출근했다. 비행기에서는 더 낮은 굽으로 갈아 신을 수 있지만 그것도 구두이기 때문에 발바닥이 너무 아팠다. 갤리에서 접이식 신문 카트를 꺼내서 펼 때, 가끔 스타킹이 걸려서 쭉 찢어지곤 했다. 청바지를 입고 조심성 없이 살던 내게 좁은 비행기 안에서 이리저리 움직이고 물건을 꺼내는 것은 너무나 가혹한 일이었다.

'내가 미쳤지.' 입사한 지 불과 몇 개월 만에 속으로 백 번은 외쳤던 말. 추운 겨울에 왜 얇은 코트만 입어야 하는지, 하늘을 향하게 매야 한다는 스카프에는 왜 고정하는 기능이 없는지, 비행이 끝날 때마다 축 늘어진 스카프에 스프레이를 뿌리고 말리면서 이게 무슨 기이한 행동인지 누군가에게 묻고 싶었다. 어디에도 물을 곳이 없었지만.

하지만 아이러니하게도 이 모든 건 내 선택의 결과였다. 처음 승무원이 됐을 때 주변 사람들 모두가 손뼉 쳤다. 교수님은 자랑스러워했고, 친구들은 축하해줬고, 엄마는 기뻐했다. 단 한 사람, 아빠만 빼고.

"정말 괜찮겠니? 네가 하고 싶었던 일이야?" 아빠의 질문에 '취업난에 내가 하고 싶었던 일이 뭔지가 대수일까'라고 생각했다. 그리고 대답했다. "이 정도 월급에 해외여행까지 갈 수 있다는데, 해야죠."

하지만 3개월 동안 훈련을 받고 비행기에 오른 순간부터 후회하기 시작했다.

"아영 씨, 이건 이렇게 하라고 했잖아요."

"아영 씨, 여기 말고 거기 있잖아요."

"하… 그냥 화장실 청소나 하고 와요."

한순간에 애물단지가 된 느낌. 어떤 직업이든 일이 익숙해지기 전까지 고통이 따르는 법이다. 하지만 그 또한 버텨낼 수 있는 사람이 따로 있다. 내 성격은 승무원과 전혀 맞지 않았다. 열 시간씩 육체 노동을 해야 하는데

왜 이렇게 불편한 옷을 입어야 하는지부터 경영진에게
묻고 싶었다.

　다시 복도를 걷는다. 다리가 욱신거린다. 어둠 속에 하
얀 화면 몇 개가 보인다. 승객 몇 명이 노트북을 뚫어져
라 보고 있다. 그러다 복도에서 마주친 여성이 말했다.
"콜라 한 잔 주실 수 있나요?" "아, 네. 바로 가져다 드릴
게요." 갤리에서 콜라를 꺼내왔는데 여성이 계속 서 있
다. 그녀가 물었다. "승무원들은 해외에 가면 며칠씩 자
고 오죠?" "장거리 비행은 그렇습니다. 길게는 아니고
요." 여성은 고개를 끄덕였다. "그렇군요."

　그녀는 오랜 시간 앉아 있는 게 불편했는지 복도를 서
성였다. 다시 내게 말을 걸었다. "저기 앉아계신 분들은
기자들이에요. 저는 인솔자고요." 내가 봤던 승객들이다.
'아, 노트북으로 쓰던 게 기사였구나.'

　순간 멋있다는 생각이 들었다. 대학 시절, 언젠가 글을
쓰고 말하는 직업을 갖고 싶다는 생각은 했었다. 언론사
입사도 취업 선택지 중 하나였다. 하지만 '언론고시'라고
들 부르는 시험이 두려워 막상 공부를 시작하지는 못했

다. 대신 일단 지원할 수 있는 모든 곳에 입사 지원서를 넣었다. 4학년 2학기, 갑작스럽게 합격한 곳이 이 항공사였다.

그렇게 고된 비행을 끝낸 밤, 침대에 누웠는데 자꾸만 그 장면이 떠올랐다. 타닥타닥 키보드 소리, 화면을 뚫어지게 쳐다보던 눈동자, 가끔씩 허공을 보며 골똘히 생각하던 표정. 모든 게 자꾸만 눈에 아른거렸다. 잘 하지도 못할 일에 도전해서 하늘 위의 애물단지가 된 나와 너무나 다른 모습.

나는 직감적으로 느끼고 있었다. 같은 유니폼을 입고 있어도 동료들과 나는 분명 달랐다. 비행기를 처음 탄 그 날부터 나는 이곳이 내가 속할 조직이 아니라는 것을 알고 있었다. 하지만 아직 학생 티를 못 벗은 내 마음속에 걸리는 게 있었다.

'그만둔다고 하면 엄마는 어떤 표정을 지을까.'
'다시 취업 준비한다고 친구들에게 어떻게 이야기하지.'
'그냥 항공사에 처음부터 지원하지 말걸.'

수많은 생각들이 꼬리에 꼬리를 물었다. 머리끝까지 이불을 덮었다가 답답해서 다시 이불을 걷었다. 그 시절 나는 인생에서 가장 작아져 있었다.

사랑하는 일을 하는 사람은
그 분위기도 다르더라

승무원 유니폼을 벗어던진 지 10년쯤 된 것 같다. 내가 바라던 기자라는 바람을 이루었지만, 그렇다고 해서 마냥 즐겁기만 한 건 아니었다. 그러고 보니 내가 노을을 본 게 언제였더라. 기억나지 않는다. 회사 사무실 창문은 밖을 보라고 있는 것이 아니었다. 단지 건물이기 때문에 존재하는 것일 뿐이었다. 내가 앉은 자리까지는 바람 한 자락도 닿지 않았다.

지금 내가 걷는 이 거리에는 노을이 있다. 푸르고 붉그스름하게 물든 하늘이 나지막한 일본 주택 언저리에 닿았다. 아름답다고 느끼는 순간, 기분이 묘해졌다. 여행지에서 느끼는 자유로움에는 모순이 숨어 있기 때문이다.

'내가 살던 공간에도 노을은 매일 있었을 텐데, 이걸

보려고 이 먼 땅에 온 건가.' 늘 계획에 따라 살던 일상. 여행지에서만큼은 그 계획마저도 버리고 싶었다. 그래서 후쿠오카에서는 바람이 이끄는 대로 걸어갔다. 목적지 없이 걷다 보면, 가고 싶은 곳이 나오지는 않을까. 현실은 그렇지 않겠지만.

한국에서의 나는 목적지가 어디인지 몰랐다. 원하는 직업을 손에 쥐면, 행복이 절로 찾아오는 줄 알았다. 그러나 나는 여전히 방황하고 있다. 기자 생활 8년 차. 원했던 곳으로 달려온 줄 알았는데, 도착했더니 진흙밭이었다.

마침내 손에 꿈을 움켜쥔 느낌은, 그냥 아팠다. 너무 아파서 손바닥을 펴보니 꽉 쥐어서 오목하게 파여버린 손톱자국만 보였다. 한 줌의 모래 같던 꿈이 손에서 스르르 빠져나간 뒤, 나는 무슨 꿈을 더 꿔야 하는지 매일 밤 고민했다. '사표 한 장이면 사라지는 꿈' 그건 내가 이루고 싶은 꿈이 아니었다.

"따릉" 뒤에서 자전거 한 대가 나타났다. 나는 옆으로 비켜섰다. 째깍째깍하고 자전거 체인이 맞물리는 소리가 점점 커진다. 하나, 둘, 셋, 넷…. 하굣길, 퇴근길이 겹친 후쿠오카의 거리는 자전거 부대가 점령했다. 무리 지어 달리는 자전거들이 휙휙 지나간다. 내 일상은 멈추고, 그들의 일상은 흘러가고 있다.

'다리 아파.' 허벅지가 저리고, 발가락이 아파왔다. 더 이상 걷기 힘들었다. "어서오세요." 근처에 있는 카페에 들어갔다. 나이 지긋한 노신사가 나를 반겼다. 손님은 나 혼자였다. 저녁 8시, 문을 닫을 법도 한데 노신사는 영업시간을 지켰다. 물 한 잔을 내준 뒤, LP 한 장을 골라 턴테이블 위에 올렸다. 바이올린 선율이 적막함을 수놓았다.

"커피를 드실 거라면, 제가 한 잔 추천해드려도 괜찮을까요?"
"네, 좋죠. 그런데 이 가게를 언제부터 운영하셨나요?"
"1970년대부터 운영했으니까…. 50년 정도 됐네요."

부지런하고 절도있는 손길. 선반을 가득 채운 화려한 찻잔들. 그걸로 모자라 내가 앉은 카운터석 위에도 가지런히 줄 세워 걸린 찻잔들이 눈에 들어왔다. 노신사는 나

'히이라기(ひいらぎ)'의 노신사가 추천해준 찻잔. 그 뒤로
가지런히 배열된 수많은 찻잔들이 보인다. 그때 나에게 필
요한 건 큰 게 아니었다. 그저 가게에서 예쁜 찻잔을 고를
수 있는 작은 여유가 필요했을 뿐.

에게 커피잔을 하나 고르라고 권했고, 나는 가장 눈에 띄는 빨간 찻잔을 골랐다. 나지막한 목소리로 말했다. "영국산 '스포드(Spode)' 찻잔이에요."

잔을 건네 한 번 보여준 뒤 물로 한 번 씻고 뜨거운 물을 담는다. 컵을 데우는 동안 커피를 내린다. 손동작에 잠시의 망설임도 없다. 파란 접시들이 한가득 걸린 벽을 가리키며 물었다.

"저 뒤에 걸린 접시들도 직접 모으신 건가요?"
"네, 맞아요. 로얄 코펜하겐 접시인데 저건 1920년대, 저건 1970년대에 만들어진 거고⋯."

설명을 하다가 잠시 멈추고, 작은 레이저 포인터를 집어 왔다. 접시 하나하나를 레이저로 가리키며 설명하기 시작했다. '작은 박물관' 같은 공간이다. 노신사도 카페 주인이라기보다 작은 박물관의 관장 같았다.

"맛있게 드세요." 커피가 나왔다. 그는 커피를 정중하게 건네고 유유히 자신이 있던 자리로 걸어갔다. 나의 시간을 온전히 지켜주려는 듯했다. 정말 오랜만에 땅 위에

발을 붙이고 서 있는 느낌이 들었다. 있지도 않을 내일을 그리는 게 아니라 지금을 걷는 느낌. 아까부터 아팠던 발가락이 뻐근하게 저려왔다.

언제 피어도
꽃은 꽃이다

교토의 날씨는 뜨거웠다. 낮은 주택들이 빽빽하게 들어서 있는 좁은 골목에는 그늘이 거의 없었다. 간혹 처마가 좁다란 그늘을 만들어주기도 했지만, 태양을 피하기에는 부족했다. 다섯 걸음 정도 앞에 서양인 남성이 걸어간다. 커다란 백팩을 메고 걷다가 팔을 들어 이마의 땀을 스윽 훔친다. 그는 성큼성큼 걷고, 나는 터벅터벅 걸었다.

모르긴 해도 한국보다 훨씬 더 먼 나라에서 저 큰 가방을 메고 일본에 왔다면, 험난한 여정을 감내할 굳은 결심이 있었을 것이다. 가까운 나라에서 온 가벼운 천 가방을 멘 나와는 마음가짐부터 다르겠지. 작고 오밀조밀 붙어 있는 주택들을 바라보는 시선도.

그때 어느 주택 유리창에 "coffee"라고 적힌 문구가 보였다. 2층짜리 전통 가옥. 안에서는 노신사가 커피를 만들고 있다. '2층은 가정집인가?' 습기와 열기가 숨을 턱턱 막아섰다. 더 이상 참을 수 없어 냅다 가게 문을 열고 들어갔다.

"어서오세요." 노신사가 내 쪽으로 천천히 고개를 돌렸다. "네, 안녕하세요." 바테이블에 털썩 앉았다. 노신사는 멈칫하다가 말했다. "카운터석은 단골손님들이 많이 앉는 자리라 조금 시끄러울 수 있는데…. 괜찮겠어요?" 이마에 땀이 쪼르르 흘렀다. "네, 괜찮습니다." 셔츠 소매로 스윽 닦으며 답했다. 그가 고개를 끄덕이고 메뉴판을 가져왔다. 메뉴는 10가지 정도. '단촐하네.' 메뉴 옆에는 작은 그림이 들어가 있다. 노란 잔에 단정하게 담긴 커피, 김이 모락모락 나는 빵. 다정하고 친절한 그림들.

"토마토 주스 한 잔이랑 블렌드(blend) 커피 한 잔 부탁드립니다." "네, 알겠습니다." 그는 유리컵에 얼음 조각을 넣으며 나를 유심히 바라봤다. 그러고는 빨간 토마토 주스를 콸콸 쏟아붓고 조심스럽게 영어로 물었다.

"한국에서 오셨나요?"

"맞습니다. 혹시 이 주택이 사장님 집인가요?"

"맞아요. 35년 전에 저희 집에 카페를 열었죠. 마흔두 살이 었어요. 그때가."

노신사는 토마토 주스를 식탁 위에 내려놓으며 말했다. 마흔두 살에 서른다섯을 더하면 일흔일곱. 그의 나이다. 그는 내 직업을 물었다.

"혹시 무슨 일을 하시나요?"

"아, 저는 방송 기자 일을 해요."

"그럼 TV에도 나오나요?"

"가끔 나오기도 하죠."

그가 신기하다는 듯 나를 바라보고, 나는 그를 신기하게 바라봤다. 서로에 대한 호기심에 대화의 물꼬가 터졌다. "마흔두 살 가게를 시작하셨으면, 원래는 무슨 일을 하셨어요?" 노신사가 허공을 바라봤다. "가만 보자…. 호텔에서도 일했고, 어학원에서도 일했었고."

커피를 내리는데 단골손님이 들어왔다. "아, 오셨어요?" 그가 문 쪽을 쳐다보며 환하게 웃었다. 들어온 손님도 노신사. 늘 그랬다는 듯 카운터 자리에 익숙하게 앉았다. 그도 나처럼 한 손을 들어 이마에 난 땀을 닦고, 신문을 펼쳤다. 사장님은 나에게 그랬던 것처럼 그에게도 시원한 물 한 잔을 내주었다. 둘은 두런두런 이야기를 나눴다.

'아까 그 말이 이 얘기였구나. 단골들이 많은가 보다.' 토마토 주스 한 잔을 다 비워갈 때쯤, 노신사가 선반에 있던 액자 하나를 가져왔다. "가게를 운영하면서, 특별한 인연을 많이 만들었어요." 그가 수줍게 보여준 그림 속에는 커피를 내리는 한 남자가 서 있었다. 우연히 카페에 방문한 작가가 그린 그의 모습. 선물로 받은 그림을 노신사는 투명 액자에 담아 고이 간직하고 있었다.

어느 영화감독도 그의 손님이었다. 역시 커피 내리는 모습을 찍어 짧은 영상에 담아 선물했다고 한다. 영상을 보여주던 그의 눈동자가 반짝 반짝 빛났다. 노신사는 나에게 35년 동안 만난 각별한 인연들에 대해 신나서 이야기했다. 그는 영어를 잘했다.

'Coffee Shop Ishihara'의 노신사가 작가에게 선물 받은 그림. 그에게 카페 일은 천직인 듯보였다. 우리가 일하는 이유 중 하나는 천직을 찾기 위함이 아닐까. 내가 사랑하게 될 일은 이 세상 어딘가에 숨어 있을지도 모른다.

"책에 사장님의 이야기를 담아도 되나요?"

"담으셔도 돼요. 제가 나이가 많아서 이 가게를 언제까지 할 수 있을지는 모르겠습니다만…."

그가 미소 지으며 답했다. 일흔 일곱에 빛나는 눈을 가진 노신사. 그의 천직은 아직도 진행형이었고, 삶의 운치는 나보다 훨씬 높은 곳에 있었다. 어쩌면 나와 내 친구들은 천직을 너무 이른 나이에 찾아야 한다고 강요받진 않았을까. 천직을 찾는 시기는 저마다 다르게 찾아온다. 꽃은 늘 아름답게 필 준비가 돼 있다.

잔인한 세상, 어디까지 작아질 수 있을까

만 스물다섯 살, 승무원을 그만둔 뒤, 통장 잔고가 바닥을 보이고 있었다. 그렇게 영어학원 아르바이트를 시작했다. 어느 날, 학원 원장님이 딸을 데려왔다. "쌤, 우리 딸 좀 말려주세요." 딸은 내가 졸업한 대학교에 가고 싶어서 재수인가 삼수인가를 준비하고 있었다. 엄마인 원장은 그 고집을 못 꺾겠다고 했다.

내가 말했다.

"왜 우리 학교에 다니고 싶어?"

"제가 예전부터 가고 싶던 학교예요."

옆에서 원장님이 던진 말에 내 눈빛이 흔들렸다.

"얘, 그 학교 졸업한 이 선생님이 지금 뭐하고 있니? 엄마 밑에서 일하고 있잖아. 너는 가만히 있으면 이 학원 물려받아서 원장하면 되는데, 뭐하러 엄마 말 안 듣고 자꾸 고집을 피워?"

"엄마, 그게 아니고…."

"아니, 아영 쌤 사실은요. 제가 쌤 경력 없는데도 뽑은 이유가 우리 딸 때문이었어요. 우리 딸이랑 얘기해서 그 학교 좀 포기하게 말려주세요."

학원을 그만뒀다. 집으로 돌아가는 길에 시내버스를 탔다. 이어폰을 귀에 꽂고 버스 손잡이를 잡았는데, 눈물

한 방울이 툭 떨어졌다. 원장의 어이없는 발언 때문에 슬픈 게 아니었다.

나는 그동안 열심히 살았다고 생각했다. 정말 뒤도 돌아보지 않고 열심히 달렸다. 승무원을 그만둔 뒤, 세상은 내 마음과 다르게 내가 필요 없다고 얘기했다. 휴대전화로 '불합격'이라는 말을 에둘러 설명한 문장을 보는 일도 점점 익숙해지고 있었다.

외면하려고 애쓰고 있던 마음이 와르르 쏟아졌다. 막다른 골목에 내몰린 것 같았다. 창밖으로 스쳐지나가는 수많은 빌딩들을 보며 생각했다. '저 빌딩의 수많은 사무실 안에 내가 앉아 있을 책상은 정말 단 한 곳도 없는 걸까.'

승무원을 그만두고 방송국 취업 준비를 시작했다. 운 좋게 올라간 최종면접에서 또다시 떨어지자 내 멘탈도 빠르게 무너졌다. 나는 빠르게 후퇴했다. 급한 마음에 일반 기업들의 문도 두드려봤다. 그 곳들은 서류 전형에서부터 나를 떨어트렸다.

'평생 후퇴만 하다가 끝낼래?' 정면 돌파가 필요한 순간이었다. 이제는 돌아설 곳이 없다. 떨어진다고 계속 무서워할 순 없었다. 도망칠 곳도 없었다.

그리고 면접까지 나를 불러주는 곳은 그나마 방송국, 언론사들이었다. '그래, 올인 하자.' 굳게 마음 먹고 기자 출신 강사들이 있는 언론사 준비 학원에 등록했다. 그리고 그곳에서 나와 같은 목표를 향해 달려가는 친구들을 만났다. 명문대 출신에 원어민처럼 영어를 잘하는 친구도 있었고, 유명 언론사에서 인턴으로 일한 경력이 있는 친구도 있었다. 내가 그들보다 잘난 것은 무엇 하나도 없는 듯했다.

어느 날, 학원 선생님이 자기소개서를 봐주겠다며 가져오라고 했다. 몇십 명의 수강생들이 자신의 이력서와 자기소개서를 제출했다. 그렇게 선생님은 한 명씩 피드백을 해주었고, 드디어 내 차례가 됐다.

"김아영 씨는 승무원 출신이네요?" "그렇습니다." 다들 나를 바라보는 시선이 느껴졌다. "그런데, 기자를 왜 하려고 하죠?" 갑작스러운 질문에 뭔가 그럴 듯한 대답을 하려고 나름 노력해 답했다. "아니, 여기 입사 면접장이 아닌데." 선생님의 말에 학생들이 웃었다. 선생님은 이내 생각하더니 나지막이 말했다.

"글쎄요. 지금 가진 이력을 보면 기자가 되는 건 힘들 것 같아요. 혹시 기자 말고 다른 직군에 도전해보는 건 어때요?"

선생님은 이 한마디를 끝으로 내 이력서와 자기소개서를 내려놓았다. 이제 막 달려보겠다며 학원에 등록했는데. 앞으로 한 교실에 앉아 수업을 들어야 할 학생들 앞에서 이런 얘길 듣고 나니 얼굴이 화끈거렸다. 내 다음 순서로 불린 학생은 아나운서가 되고 싶다고 했다. 강사가 자기소개서를 스윽 훑더니 한마디를 던졌다. "학생은 기자에 한 번 도전해보는 게 어때요? 가능성이 있어 보이는데."

짐을 싸서 집으로 돌아가는 길, 학생들이 와르르 쏟아져 나왔다. 그 속에서 나는 고개를 푹 숙이고 걸었다. 지금 생각해보면 그 선생님의 말은 정말 아무것도 아니었다. 심층 면접을 한 것도 아니었고, 논술 실력 등 기자가 갖춰야 할 역량에 대해서도 전혀 평가하지 않았으니까.

하지만 막다른 골목에 서 있는 사람에게 어떤 말 한마디는 지나치게 크게 느껴지기도 한다. 그날 이후, 몇 주 동안은 의기소침하게 지냈다.

'까짓것 안 되면 어쩔 수 없지, 뭐.' 그때의 내게는 선택지가 없었다. 다시 툭툭 털고 일어났다. 아침 10시부터 오후 5시까지 언론사 입사 공부를 하고, 오후 6시부터 자정까지 재택근무를 하며 몇 개월간 인터넷 언론사 인턴 기자를 하며 용돈을 벌기도 했다.

그 시절 처음으로 세상에 태어난 게 잔인하다고 생각했다. 다시 생의 출발점 앞에 서서 누군가 내게 태어날 거냐고 묻는다면, 나는 절대로 세상으로 가지 않을 거라고 단호하게 얘기하고 싶었다.

만 스물여섯 살의 봄, 언론사 기자가 됐다. 그런데 서울이 아니었다. "강원도에 간다고, 그래서?" 엄마의 눈이 휘둥그레졌다. 한 번도 살아본 적 없는 지역이었다. "엄마, 그래도 춘천은 서울에서 가까워." 사실 멀고 가까운 건 중요하지 않았다.

수많은 문이 내 눈앞에서 닫히는 걸 보면서 내가 할 수 있는 일은 생각보다 굉장히 적다는 걸 실감하고 있던 때였다. 고민한다는 건 내 입장에서는 사치였다. 그렇게 나의 기자 생활이 시작됐다.

우리가 가질 수 있는 건
아무 것도 없다

비행기를 탈 때, 나는 항상 창가 자리에 앉는다. 굉음을 내며 달리던 비행기가 서서히 땅을 박차고 날아오를 때, 조금씩 작아지다가 결국 보이지 않게 되는 건물들을 보면 내 위치를 알게 된다. 하늘에서 바라본 우리는 지금 내 컴퓨터 앞의 먼지 한 톨보다도 작다. 어느 순간 사라져도 이상하지 않을 아주 작은 존재.

매일 아침 눈 뜨고, 감을 때까지 나는 자연스럽게 착각했다. '돈을 많이 벌면, 아늑한 내 집이 생기겠지.' '로또에 당첨되면, 건물을 살 거야.' 그러나 비행기를 타면, 그 착각을 부술 수 있었다.

나처럼 작고 하찮은 존재는 저 땅의 한 틈조차 가질 수 없다. 죽음 이후에는 누군가가 다시 가져갈 것이고, 시간이 지나면 또 다른 누군가의 것이 돼 있겠지. 결국 어느 누구의 것도 될 수 없는 땅. 단지 삶에서 몇 년 가져보겠다고 노력하고, 가졌다고 으스대다가 결국 죽는 것이 사람이다.

넘실대는 바다의 경계를 보면 인간의 한계가 보인다. 늘 바다가 그 자리에서 넘쳐흐르지 않을 것이라 생각하고 안심하며 살아가지만, 실은 그렇지 않다. 하늘과 땅이 조금이라도 뒤틀리면 바다는 경계를 넘어 모든 것을 삼키고 만다. 가파르게 쌓아올린 탑, 그 안을 수놓은 장식품들, 오랜 시간 공들여 지어놓은 도로들까지.

비행기를 탈 때마다 생각했다. 무언가를 가질 수 있고, 영원히 존재할 수 있을 거라는 착각이 우리 안에 지옥을 만들어내고 있는 건 아닐까. 실상은 하늘 위 구름 한 점조차 옮길 힘이 없는 작은 인간일 뿐인데.

사람들 속에서도
고독했던 날들

강원도에 있는 전 직장에서 기자 생활을 막 시작하던 때였다. "나 때는 말이야. 취재원이랑 술 먹다가도 화장실에 들어가서 내가 들은 얘기를 노트에 적었어. 다음 날이 되면 잊어버릴까 봐."

기자는 취재원과 술을 마실 때 먼저 취하면 안 된다고 배웠다. 그 이유 때문일까. 난 수습기자 시절, 잦은 술자리에 시달렸다. 하루에 고작 4~5시간씩 자고 경찰서나 소방서를 돌며 보고를 하던 때였다.

두 달쯤 지난 어느 날, 아침부터 배가 아팠다. 화장실을 몇 번이나 들락거렸다. 배탈이 난 것 같았다. 그런데 휴지에 피가 묻어져 나왔다. 이상하다는 생각이 들어 병원에 갔고, 의사는 내시경 검사를 권했다. 검사를 하고, 결과를 기다렸다.

의사가 난감한 표정을 지으며 내게 말했다. "환자분, 큰 병원에 가보셔야 할 것 같아요." 대장 근처에 혹 같은 게 보이는데, 이게 뭔지 알아볼 필요가 있다는 얘기였다. '별일 있겠어?' 대학병원에서 대장내시경 검사를 받았다. 내시경으로 뗄 수 있는 크기의 혹이었다. 혹을 떼고 조직 검사를 맡겼다. 며칠 뒤, 병원으로 오라는 전화를 받았다.

  암이었다. 정식 명칭은 '제자리암'. 아직 암 덩어리가 주변 조직으로 퍼지지 않고 한 곳에 머물러 있는 단계였다. '내 몸에 암이 있었다고?' 보험사로부터 수백만 원의 보험금을 지급받자 조금씩 실감이 났다. 사무실에서 한 선배가 검사 결과를 물었다. "제자리암이래요."
  내가 대답하자 잠깐의 정적이 찾아왔다. 그때 내 교육을 담당했던 선배가 말했다. "너 우리 회사에 고마워해야 해. 너 술 안 먹였으면 지금 발견 못 했을 거 아니야." 술 때문에 장에 탈이 나서 운 좋게 발견했으니 회사에 고마워하라는 얘기. 심각한 상황이 지나갔으니 웃자고 하는 얘기 같았다. "무슨 말을 그렇게 하냐." 다른 선배들이 그 선배에게 핀잔을 주며 웃었다.

술은 그 뒤로도 나를 지독하게 따라다녔다. 사회부 기자 시절의 나는 20대 후반이었다. 중년의 경찰 아저씨와 밥을 먹는 두 시간이 그렇게 어색할 수 없었다. 그럴 때면 차라리 술을 먹고 아무 말이나 용감하게 해버리는 게 편했다. 그래서 눈을 질끈 감고 소주를 목구멍에 부어버리곤 했다.

'취해버리자.' 술의 힘을 빌려 억지로 친해진 관계는 힘이 없었다. 부서를 옮기면 모래성처럼 부서지고, 그 자리에는 새로운 술 약속이 생겨났다. "김 기자님, 수요일 저녁 어떠신가요?"

술을 먹고 늦은 밤 귀가하면 가장 먼저 냉장고를 열어 유산균을 찾았다. 암이 있던 장이니 이거라도 먹어야 살 것 같아서. '술과 유산균이 짬뽕이 되겠구만.' 몸을 털썩 침대에 눕히고 눈을 감았다. 주말이 되면, 집에 콕 박혀 아무도 만나지 않았다. 사람이 질린다는 느낌이 이런 걸까.

기자로서 할 수 있었던 일
그리고 할 수 없었던 일

기자 생활을 한 지 2년 반 정도 됐을 때, 나는 서울에 있는 문화방송으로 이직했다. 어느 날 저녁, 카톡방이 요란하게 울렸다. "화성 연쇄 살인 사건 용의자가 나왔대." 화성이면 내 관할 지역이었다. '비상이다!' 다음 날부터 모든 언론사는 단독 경쟁을 벌이기 시작했다.

기자들은 30년 전 그날의 이야기를 기억하는 사람들을 찾으러 다녔다. 한 선배로부터 지시가 내려왔다. "당시 실종 처리된 초등학생이 있었는데, 실종이 아니라 살해된 것 같아. 너는 오늘 하루 아무것도 하지 말고, 그 초등학생의 유족을 찾아."

내게 주어진 단서는 황당할 만큼 적었다. 초등학생의 아버지 성함이 '김○○ 씨'라는 것과 그가 경기도 광명으로 이사했다는 것. 사는 동네가 어디인지는 당연히 몰랐다. 바다에 떠다니는 바늘을 찾으라는 얘기로 들렸다. 회사 차를 탔다. 기사님이 어디로 가면 되느냐고 물었다.

"일단 화성으로 가주시면 될 것… 같습니다." 자신이 없었다. '혹시라도 김○○ 씨와 알고 지냈던 화성 주민들을 찾을 수만 있다면….'

하지만 화성에 들어서자 그런 생각도 싹 사라졌다. 30년 동안 대규모 아파트 단지가 들어서면서 그가 살았던 동네는 이미 다른 세상이 돼 있었다. 부동산도 가보고, 운영한 지 오래된 것 같은 상점들도 들어가봤지만, 아무도 그를 모른다고 했다.

오후 2시, 해는 아직도 저물지 않았다. 하루가 왜 이렇게 긴 지, 눈앞이 아득해졌다. '나 어떡해….' 그러다 디지털 문서 하나를 발견했다. 광명시청에서 만든 것으로 보이는 문서였는데, 어쩐 일인지 사람들의 이름과 주소가 적혀 있었다. 거기에는 그와 같은 이름과 주소도 적혀 있었다. 여기라도 가봐야겠다는 생각이 들었다." 기사님, 이 주소로 가주실래요?"

낡은 빌라 앞에 도착했다. 계단을 올라갔다. 남의 집 문을 두드리고 혹시 김○○ 씨가 사시는지 물어봐야 했다. 심호흡을 한 번 하고 '똑똑똑' 문을 두드렸다. 잠깐 인기척이 들리더니 누군가 문을 열고 나왔다.

"누구시오?" 머리가 희끗한 남성이었다. "저… 혹시 여기가 김○○ 씨 댁인가요?" 남성이 멈칫했다. "누구신데요?" 그의 눈빛을 보고 직감했다. '맞구나.' 긴장을 누르고, 말을 이어갔다. "안녕하세요. MBC 김아영 기자라고 하는데요, 김○○ 양의 아버님을 찾고 있습니다. 혹시 따님이… 김○○ 양 맞으신지요?" 잠깐의 정적이 흘렀다. 그는 문을 열고 밖으로 나왔다. 우리는 1층 골목으로 내려갔다.

"안 그래도 얼마 전에 경찰이 다녀갔어요."

"경찰이요?"

"딸이 실종됐을 당시 딸의 유품이 있었대요."

나는 충격을 받았다. 1987년, 아이는 하굣길에 실종된 게 아니라 살해된 것이었다. 경찰들은 유품까지 찾아놓고 그녀의 가족에게 돌려주지 않은 채 사건을 은폐했다. 대화가 끝난 뒤, 다급히 선배에게 전화를 걸었다.

"선배, 김○○ 씨 찾았어요." 우리는 김○○ 씨와 가족들을 설득해 이 사건을 보도했다. 그리고 몇 개월 동안 관련 속보를 써냈다. 다른 언론사에서도 우리를 따라 기사들을 쏟아냈다. 세상이 함께 분노하는 듯했다.

그러나 현실에선 바뀌는 게 하나도 없었다. 사건을 은폐한 경찰들을 처벌하는 건 불가능했다. 공소시효가 지나서였다. 그렇게 시간이 흘렀다.

다른 사건을 취재하고 있던 중 문자 메시지 한 통을 받았다. 김○○ 양의 어머니께서 돌아가셨다는 소식이었다. 퇴근 후 장례식장으로 차를 몰고 갔다. 어두운 밤, 유리창에 비가 투둑투둑 떨어졌다. 기자로써 내가 할 수 있는 일과 할 수 없는 일의 경계가 분명해보였다.

삶을 소진시키는
권태로움과 외로움

기자를 꿈꾸는 학생들에게 왜 기자가 되고 싶냐 물으면 대부분 이렇게 답할 것이다. '정의롭고 약한 사람들의 목소리를 대변할 수 있어서.' 맞는 말이다. 이 또한 기자가 할 수 있는 보람찬 일이다. 억울한 사연이 세상에 드러나고, 잘못된 것들이 바로 잡혀가는 모습을 볼 때 기자라는 직업을 가질 수 있어서 감사하다는 생각이 들었다.

그러나 세상 모든 일이 그렇듯 반복과 나태, 회의감을 느끼는 순간은 언제나 찾아온다. 기자라는 직업은 건물에 걸린 유리창과 비슷하다. 유리창이 마주하는 세상은 매일 새로울 것 같지만, 사실 거의 비슷한 풍경을 마주한다.

코로나로 온 세상이 멈추었던 시기, 나는 보건복지부 출입 기자였고 매일같이 쏟아지는 속보를 써내야 했다. 그날은 평택 보건소에서 현장 중계가 있던 날이었다. 아침부터 부지런히 움직여야 해서 스낵바 하나를 사서 입에 물고 차에 탔다. 그런데 출발한 지 30분 정도 지났을까, 속이 울렁거렸다. 메스껍고 토할 것 같은 느낌에 기사님께 말씀드리고 근처 주유소에 차를 세웠다.

"우엑" 변기통을 붙잡고 토를 했지만, 메스꺼움이 깨끗하게 사라지지는 않았다. 시민 인터뷰도 확보해야 하고, 현장 취재도 필요해 마음이 급했다. "다시 출발하시면 될 것 같습니다." 하지만 그 말은 얼마 가지 않았다. "저…
기사님, 잠시만 어디 내릴 데 없을까요." "아, 네. 잠시만
요." 다시 차를 멈추고, 게워냈다. 손가락을 넣어 억지로
토하게 만들었다.

도대체 그 작은 스낵바 하나가 어떻게 이리도 오래 괴
롭히는지. 속이 편해지지 않으면 곧 있을 취재도, 저녁에
있을 생방송도 할 수 없을 터였다.

현장에서 만난 영상 기자 선배가 하얗게 질린 내 얼굴
을 보고 놀라서 물었다. "아영, 괜찮아?" 인터뷰를 조금
진행하고, 구석에 쪼그려 앉았다. "선배, 괜찮아요. 해야
돼요." 다시 취재를 하는데, 속이 찌를 듯이 아파왔다. 위
경련이었다.

"아영아, 너 안 괜찮은 것 같아. 차에 앉아 있어." 선배
가 나를 차에 앉혔다. 추운 겨울날, 선배는 혼자서 부지
런히 다니며 보건소 촬영을 마쳤다. "좀 괜찮아?" 선배가
다시 돌아왔을 때는 따뜻한 차 안에서 조금 몸이 진정된
상태였다. 이제 기사를 써서 보내야 할 시간이다.

"선배, 감사합니다." "아냐, 감사하긴…. 너 몸이 너무

걱정된다." 근처 카페에 가서 기사를 부지런히 썼다. '조금만 더, 조금만 더….' 위도 아프고, 먹은 것도 없었고, 몸은 축 늘어져 정신이 혼미해졌다. 기사 송고 버튼을 누른 뒤, 소파처럼 생긴 의자 위로 쓰러지듯 상반신만 눕혔다.

깜빡 졸았다가 눈을 떴다. 데스크 선배의 전화가 걸려왔다. "기사 고쳐 놨어. 이대로 하면 돼." "네, 선배." 사무실에서는 내가 아픈 줄 전혀 몰랐다. 아프다는 말을 하는 것도 이상했다. 회사에서 평택까지 차로 2시간 걸려서 와야 하는데, 지금 시간에 다른 기자를 보내는 것은 당연히 무리였다. 그냥 아프다는 말을 삼키고 혼자 3시간 뒤까지 잘 버텨내는 게 최선이었다.

"아영 기자, 괜찮아?" 하얀 조명이 켜지고, 중계 팀이 와서 모든 장비를 준비해놨는데, 배를 부여잡고 쪼그려 앉은 내 모습을 보고 중계 PD 선배가 말했다. 방송 20분 전이었다. "아… 선배 저 화장실 좀 다녀올게요." 아직 덜 게워냈다고 생각했다. 근처 건물에 있는 화장실로 뛰어가 입에 손가락을 다시 넣었는데, 순간 실수라는 것을 깨달았다. 위가 요동치기 시작했다. 또다시 찾아온 위경련.

'참아야 해.' 그 시간을 겨우 버텨냈다. 다행히 방송은 정상적으로 나갔다.

버스에 오르자 중계 팀 동료들을 태우고 온 기사님이 내게 약 봉지 하나를 건넸다. "아영 기자님, 제가 위 아플 때마다 먹는 약인데, 이거라도 일단 드셔보세요. 또 아플 수 있잖아요." 눈물이 핑 돌았다. "감사합니다."

기사님이 주신 약을 한 첩 먹고 밤 늦게서야 집에 도착했다. 침대에 누워 눈을 감는데 눈물이 볼을 타고 흘러내렸다. 하소연할 힘조차 남아 있지 않았다. 그날 밤, 외로움이라는 단어가 사무치게 다가왔다.

다음 날 나는 멀쩡하게 회사에 출근했고, 평소처럼 바쁘게 새로운 속보를 써냈다. 수많은 권태의 줄기 위에 한 순간씩 피어나는 것이 보람이라지만, 그 권태의 줄기가 불행을 잉태했을 때는 이야기가 달라진다. 나는 조금씩 소진되기 시작했다.

불행이 찾아오는 걸 꼭 불운하다고만 할 수 있을지는 모르겠다. 불행이 있기에 가던 길이 잘못됐음을 탐지할 때도 있으니까.

내 발목의 체인은
무엇이었을까

내 직업은 기자였고, 회사는 문화방송이었다. 하지만 문화방송이 사라지면, 나의 직업도 사라지는 것이었다. 그러니까 나의 직업은 기자가 아닌, 문화방송의 기자였다. 보통의 사람들도 나처럼 회사가 곧 직업이 되는 경우가 많다. 그러니까 회사를 나오면, 직업을 잃는 셈이다. 흔히 말하는 세상의 공식은 그렇다.

그러나 사람이 살아가는 삶은 그렇게 단편적이지가 않다. 회사가 없어져도 자신의 일을 계속 꾸려나가는 사람도 있고, 어딘가에 소속되어 있지 않을 때 오히려 더 빛나는 결과를 만들어내는 사람도 있다. 세상엔 무수한 갈림길이 존재하지만, 누구도 그 얘기를 제대로 해주는 사람은 없다. 여행은 그런 보석 같은 진리를 자연스럽게 가르쳐준다.

'Sarah TEA TIME'의 키쿠노 씨. 그녀를 통해 의사였던 마사코를 만났다. 다른 사람의 시선이나 사회적 시선을 끊고 지금은 제 2의 삶을 살고 있는 마사코를 보며 생각했다. 우리를 앞으로 나아가지 못하게 하는 체인은 무엇일까.

"의사였다고요?" 마사코의 이야기를 잠자코 듣다가 화들짝 놀라 물었다. "네, 그런데 잘 모르겠어요. 제가 의사를 다시 할 것 같지는 않아요." 나는 그녀와 후쿠오카에 있는 한 찻집에서 만났다. 만난 계기도 특별했다. 마사코를 만나기 전, 찻집 주인인 키쿠노 씨가 내게 말했다. "조금 있으면 우리 가게 단골손님이 올 텐데, 그녀는 영어를 잘해요. 우리 대화를 통역해줄 수 있어요."

60대 중반, 다정한 성품을 가진 키쿠노 씨는 백발의 머리를 가지런하게 틀어올렸다. 영국 런던의 카멜리아 티하우스 차를 좋아해, 선반에 잔뜩 진열해뒀다. 하고 싶은 이야기가 많았지만, 서로의 언어가 달라서 대화가 툭툭 끊기던 참이었다. "아, 네. 기다릴게요."

시곗바늘이 밤 9시를 향해 가던 중이었다. 찻집에 방문하기에는 꽤 늦은 시각인데. '친한 단골인가보다.' 그때 마사코가 문을 열고 활기차게 들어왔다. "마마상!(가게 여주인을 이르는 말) 저 왔어요." 그녀와 눈이 마주쳤다. "혹시… 영어를 잘하신다는 그 분?" "네! 맞아요. 저예요."

마사코는 키쿠노보다는 어렸지만 역시 중년의 여성이었다.

"통역이 필요하다고 해서 왔는데, 키쿠노 씨가 말한 손님이 맞죠?"

"네? 아니… 일부러 오신 거예요?"

"네!"

"통역 때문에?"

"집이 근처예요. 그리고 키쿠노 씨도 평소에 친절을 많이 베풀기 때문에…."

놀란 토끼 눈을 한 나를 보더니, 마사코와 키쿠노가 동시에 웃었다. 조금 전 키쿠노가 어디론가 전화를 걸었는데, 그녀를 부르는 것인 줄은 상상도 못했다. 키쿠노로부터 누군가 올 거라는 소식을 들었을 때까지만 해도, 당연히 원래 방문 계획이 있던 손님이 온다는 줄 알았다. 마사코는 아무렇지 않다는 듯 설명했다.

"당신이 키쿠노의 이야기를 듣고 싶어한다고 들었어요."

"아… 네, 맞긴 해요. 제가 책을 쓰고 있거든요."

"아, 무슨 책인가요?"

"여행 책인데요, 여행하면서 만난 카페나 찻집의 이야기를 담고 있어요."

"멋지네요."

키쿠노가 서툰 영어로 마사코를 소개했다. "마사코는 영국에서 오래 살았어요." 내가 마사코를 쳐다봤다. "아, 25년 동안 영국에서 살다가 몇 달 전에 귀국했어요. 그래서 지금 일본에 적응이 잘 안 돼요." 마사코가 웃으며 농담조로 말했다. 그녀가 주문한 차가 나왔다.

"25년 전에 남편을 따라 영국으로 떠났어요. 그곳에서 사업을 시작했죠. 나는 간 전문의였는데 일을 할수록 소진되고 저랑 맞지 않다는 생각이 들더라고요."

"그래서요?"

"그래서 사업을 시작했어요. 불면증을 겪을 때, 수면제를 처방하면 잠은 잘 수 있겠지만 불면증이 치료되지는 않잖아요. 병은 근본 원인을 알아야 해요."

그녀는 증상을 가라앉히는 건 근본적인 치료가 될 수 없다고 말했다. 꽃 에센스를 활용한 치료법에 관심이 생기면서 그녀는 일본에 그 제품을 수입해오기 시작했다. 제 2의 인생은 그렇게 생각지도 못한 때에, 예기치 못한 방향으로 열렸다.

"그렇게 제 사업이 시작됐죠. 그때까지만 해도, 인터넷 쇼핑몰이 발달되기 전이었거든요. 아주 초창기 단계였어요. 쇼핑몰을 열어서 일본에 제품을 팔기 시작했고, 신문에는 의사가 파는 약이라며 기사가 나갔죠."
"그렇군요. 대단하시네요. 의사라는 직업을 그만두는 게 쉽지는 않으셨을 텐데…."
"그랬죠. 사람들이 제게 얘기했어요. 미쳤냐고."

그녀가 피식 웃으며 말했다. 나도 승무원을 그만뒀을 때 주변에서 미쳤냐는 이야기를 들었었는데, 그 기억이 떠올랐다.

"왜냐하면 일본에서 의사라는 직업에 대한 이미지는 굉장히 좋거든요."

"그렇죠. 한국에서도 그래요. 저도 직업을 바꿨어요. 그래서 공감이 돼요."

"오, 그래요? 뭐였는데요."

"승무원이었어요."

"아, 정말요? 정말 좋은 직업인데…. 대단하시네요."

"제가 대단하다고요? 의사를 그만둔 게 더 대단한 게 아니고요?"

우리는 서로 웃었다. 그때 그녀가 전날 본 영상이라며 코끼리 이야기를 들려줬다.

"한 코끼리에 체인이 감겨 있는데, 그 코끼리는 굉장히 크고 체인은 너무나 약했어요. 조금만 움직이면 뜯어질 것 같은 체인인데, 왜 거기에 묶여 있는지 의아했죠. 알고 보니 어렸을 때부터 감겨 있던 체인이었어요. 과거의 기억 때문에 그 체인을 풀 수 없다고 생각하는 거예요. 이제는 충분히 풀 만한 힘을 갖게 되었는데도."

나에게 체인은 무엇이었을까. 생각해보니 그 체인은 대개 소음이었다. 주변 사람들의 말. 말은 한 번 내뱉으면 공기 중으로 증발해버린다. 어디에서 나와서 어디로 가는지조차 알 수 없는, 형체가 없는 것인데 사람을 붙잡거나 상처 입히고 때로는 쓰러뜨리기도 한다.

체인에 걸려 넘어지게 나를 그대로 두던가, 낚아채서 끊어버리던가. 선택지는 둘 중에 하나다.

인생을 좋아하는 것들로만
가득 채운다면

어둠을 없애려면 빛을 더 환하게 비추면 된다. 좋아하는 것들로 가득 채운 인생에는 체인이 비집고 들어갈 틈이 없다. "탁탁" 불 위에서 원두가 피어나는 소리가 들린다. 평일 아침, 도쿄의 어느 한적한 골목에 있는 카페였다. 중년의 바리스타는 기계 속에 기다란 막대를 집어 넣는다. 스르륵 빼니 그 위에 원두 몇 알이 얹어져 나왔다. "투둑" 상태를 확인하고, 다시 통 속에 붓는다. 아직 로스팅이 끝나지 않았다는 의미다.

신중하게 로스팅하고 있는 바리스타는 흰 셔츠에 청바지, 스니커즈를 신고 있다. 언어로 그 사람을 알기 어려울 땐 차림새를 보고 성격을 짐작해보곤 한다. 그는 셔츠 단추를 두어 개 푼 채 소매를 둘둘 걷어 올렸다. 캐주얼한 듯 보이지만 헤어스타일을 보면 신경을 많이 썼다는 것을 알 수 있다. 회백색의 머리를 가지런히 한쪽으로 넘겼고, 동그란 뿔테 안경 밑으로 난 수염은 잘 정리돼 있다. 검은색 앞치마는 꽁꽁 동여맸다. 자유로운 걸 추구하면서 동시에 섬세한 성격.

작은 구멍이 송송 뚫린 은색 원통의 로스터기가 원두를 한 바가지 입에 물고 연신 숨을 내뿜는다. 숨은 열린 문틈으로 빠져나가 가게 앞 골목을 천천히 메웠다. 동네 골목에는 진한 커피 향이 스멀스멀 피어났다. 그래서일까. "어서오세요." 원두를 볶는 동안 두 명의 손님이 가게에 들어왔다.

"잠시만 기다려주세요." 드디어 원두가 태어날 시간. 바리스타가 은색 원통을 거꾸로 들자, 잘 볶아진 원두가 와르르 쏟아졌다. "탁탁탁" 몇 번씩 체를 쳤다. 원두를 자

도쿄 '67바이센죠(67焙煎所)'의 바리스타가 커피를 로
스팅하는 모습. 이곳은 평범한 카페가 아니다. 그는
커피를 직접 볶기도 하고, 사람들의 사진을 찍어주기
도 한다. 좋아하는 것으로 가득한 그의 가게에는 생
기가 돌았다. 삶이 눅눅하다면 내가 좋아하는 것들이
무엇인지, 그것들이 내 가까이에 있는지 둘러보는 시
간도 필요하다.

세히 들여다보고, 안 좋은 건 몇 알 골라냈다. 다시 체를 치다가 고개를 들고 옆을 바라봤다. 하던 일을 멈추고 바쁘게 부엌으로 향했다. 갑자기 대기 손님이 밀렸기 때문이다.

"오랜만에 오셨네요. 잘 지내셨어요?" 자리에 조용히 앉아 기다리고 있던 여자 손님과 주문을 받기 전, 이런저런 이야기를 나눈다. 웃기도 하고, 진지해지기도 하고. 그는 손님들의 이야기를 즐겁게 듣는 사람이었다. 몸은 바쁘게 움직였지만, 손님을 향한 미소는 편안했다.

"저는 원래 사진사였어요. 지금도 사진사 일을 하고 있고요." 한창 바쁜 시간이 지난 뒤, 바리스타가 내게 노트북 화면을 보여주면서 말했다. 스크롤을 내릴 때마다 수없이 나오는 사진들. 일본 연예인들 사진도 더러 섞여 있다. "이걸 다 직접 찍으신 거예요?" "네, 저는 인물 사진을 주로 찍어요." 어제도 사진을 찍으러 손님이 다녀갔다고 한다.

그러고 보니 가게 한 쪽에는 커다란 조명이 세워져 있었다. 골동품 전화기, 오래된 저울, 세월의 흔적이 묻은 원목 가구들까지.

"사진관으로 활용하시기도 하는군요."

"네, 종종 그렇죠."

"그런데, 바리스타 일은 왜…?"

"아, 15년 전에 취미로 원두를 볶기 시작했는데 너무 좋더라고요. 그렇게 혼자 취미로 해오다가 1년 반 전에 가게를 열었어요."

그의 가게만큼이나 인생에도 좋아하는 것들로 가득 차 있었다. "어서오세요!" 단골들이 끊임없이 들어왔다. 마치 그의 진심을 알아주기라도 하는 듯.

오늘 나는 잃었던 오후 4시를 다시 주웠다

온 세상이 너그러워지는 것 같은 시간, 오후 4시. 나는 후쿠오카 오호리 공원에 앉아 있다. 거리를 걷는 사람들의 발걸음도 아침보다는 느려졌다. 공원에는 조깅하는 사람들이 하나 둘 나타나기 시작했다. 하늘도 한낮보다는 너그러워졌다. 태양이 한풀 꺾여 쉴 수 있게 해주는 이 시간. 곧 연분홍빛 노을 선물을 받겠구나, 기대감이 부푼다.

내 눈앞에는 광활한 호수가 펼쳐져 있다. 눈을 꼭 감고, 속으로 1부터 30까지 천천히 세기 시작했다. '…28, 29, 30.' 눈을 떴다. 일렁이는 물결, 잔잔히 흩어지는 윤슬, 호수 주변에 가득 피어난 봄날의 초록. 마치 없었던 것들이 알라딘에 나오는 지니의 마법으로 '짠'하고 나타난 것처럼 느껴진다.

호수가 보이는 카페 창가로 자리를 옮겼다. 문득 창밖을 봤는데 등이 굽은 백발의 할아버지가 휠체어를 천천히 밀며 걷고 있다. 그 휠체어에는 똑같이 백발이 된 할머니가 앉아 있다. 할머니는 빨간 조끼를, 할아버지는 빨간 점퍼를 입었다.

거동이 불편한 할머니를 위해 할아버지는 한 걸음 한 걸음 느리지만 힘껏 휠체어를 밀며 걸어갔다. 봄바람이 할머니의 하얀 머리카락을 스치고 지나갔다. 할머니가 천천히 고개를 돌렸다. 할머니는 공원 구석구석을 눈에 담았다. 덕분에 할머니는 석양에 천천히 물들어가는 호수를, 싱그럽게 불어오는 꽃향기를, 아름다운 새 소리를 만끽하고 있을 것이다.

그 순간 놓쳐버린 인생의 조각들이 슬며시 나타났다. 100킬로미터로 달릴 때는 휙휙 지나가버려서 내 눈에 흐릿하게 포착돼 있던 장면들이다. 퇴근 후에 힘들다며 건성건성 받았던 부모님의 전화, 집 앞에 새로 생긴 밥집에 같이 가지 않아 서운해했던 남편의 표정….

항상 "나중에"라고 말하고는 '더 중요한 일이 있으니까'라고 생각하며 돌아서버렸다. 그들을 보며 문득 떠오른 생각이 있었다. '인생 끝자락의 나는 어떤 모습일까.' 떠올려보니 얼굴에 주름이 깊게 패인 내가 서 있었다. 그 맘때쯤이면, 피부과 기계로도 어떻게 안 되는 주름이겠지. 아침저녁으로 소중히 가꾸던 내 외모가 더 이상 중요하지 않게 된 미래의 그 날에는 내 직업도, 세상의 평가도, 내가 입는 옷도 지금처럼 중요하지 않을 수 있다.

'시간이 지나서 중요하지 않게 될 것이라면, 지금 집착

후쿠오카 오호리 공원에서 할머니의 휠체어를 밀어주는 할아버지의 모습. 지금까지의 삶이 순식간에 지나갔듯 앞으로의 내 삶도 그럴 것이다. 나도 순식간에 백발의 할머니가 되어있겠지. 그때가 오면 내가 중요하지 않다고 여겼던 중요했던 사람들과의 시간이 얼마나 아쉬울까. 50년 뒤의 나로 빙의해 생각하니 중요한 게 무엇인지 알 수 있었다.

할 필요도 없지.' 그렇다면 그 때에도 똑같이 중요한 게 무엇일까. 일기장을 펴서 적기 시작했다.

- 기분 좋은 바람이 불어오는 가로수 길을 걷는 시간
- 사랑하는 사람과 같이 먹는 따뜻한 밥
- 건강
- 부모님과의 추억

돈을 번답시고 버리고 있었던 것들이 생각보다 많았다. 일기장을 닫고, 공원을 나섰다. 나는 다시 줍기로 했다. 시간이 지나도 변하지 않을 소중한 것들을.

꼭 더 올라가야 하나요?

나는 녹차의 싱그러운 향을 좋아한다. 일본의 찻집과 차 가게들을 이곳저곳 돌아다니고 있을 때였다. "첫 잔은 마치 에스프레소 같을 거예요." 후쿠오카에서 방문한 차 가게였다. 내가 점원에게 물었다. "몇 번 우려낼 수 있나요?" "총 세 잔 우려낼 건데요, 갈수록 온도를 높일 거예요."

그가 내게 준 차는 일본의 고급 차, 교쿠로(玉露). 첫 잔은 40도의 미지근한 온도에 우려낸다. 7그램의 찻잎을 40밀리리터의 물에 90초 동안 적셔두면, 갇혀 있던 화려한 향기가 폭포수처럼 뿜어져 나온다. 옆에 서 있던 가게 주인에게 물어봤다.

"이 가게는 운영한 지 얼마나 됐나요?"
"300년 됐어요."
"이 자리에서요?"
"네, 같은 자리에서요."

어쩐지 가게의 첫 인상이 남달랐다. 아담한 가옥의 찻집을 예상하고 문을 열었는데, 직원들이 분주하게 움직이고 있었다. 큰 봉투에서 찻잎을 한 스쿱 떠서 작은 봉지에 옮겨 담거나, 들어오는 손님을 안내하거나, 교쿠로 차를 만들어주거나. 각자의 자리에서 늘 그래왔다는 듯 할 일을 착착 해내고 있었다.

개인이 운영하는 일반적인 가게보다는 크고, 기업이라고 보기에는 작고, 하지만 전통이 있는 체계적인 가게. "굉장히 오래됐네요." 내가 놀라자 주인이 웃으며 말했다. "아마 가게가 작아서 가능했을 거예요. 큰 회사였다면, 이 정도로 오래 운영하지 못했을 겁니다."

내가 가게에 있던 그 시간에도 일본인 손님들이 꽤 많이 오갔다. 대로변에 있는 가게도 아닌데, 많은 사람들이 일부러 찾아오는 이유가 있었다. 언어의 장벽에 가로막혀 왜 가게를 더 크게 키우지 않았냐고 묻지는 못했지만 그가 해준 말은 두고두고 마음속에 남았다. '장사가 잘되니까 확장해야지'가 아니라 '확장을 하지 않았기 때문에 장사를 잘할 수 있었던 것'이라는 관점이.

나는 늘 위를 바라보는 세상에 살았다. 그건 어릴 때부터 습관이 돼 있었다. 초등학교 시절부터 선행 학습은 당연한 거였다. 누구는 중학교 2학년 수학을 벌써 배운다더라, 누구는 경시대회에서 1등을 했다더라. 중학생이 되고 나니, 〈수학의 정석〉을 본다는 친구들이 나타났다. 학원 선생님들은 엄마에게 말했다. "어머님, 중학교 3학년 시기를 놓치면 큰일 납니다."

하지만 그 말은 매년 되풀이됐다. 고 1이 되니 따라잡을 수 있는 마지막 기회라고 했고, 고 2가 되니 곧 수험생이기 때문에 대비해야 한다고 했다. 그때마다 나는 지금을 놓치면 큰일 난다는 얘기를 들었다. 따라잡으려면 지금 열심히 해야 한다고. 어디까지 따라잡아야 하는지는 명확하지도 않았다. 그냥 더 높이 올라가라고만 했다.

만 서른 넷. 나는 이제야 세상에 묻기 시작했다. 왜 자꾸 올라가야 하냐고. 나는 한 번도 그 의미를 물어본 적이 없다. 더 많이 가지면 행복하다는 것이 너무 당연해보였으니까. 치열한 경쟁을 뚫고 뭔가를 이뤄내고 나니, 아무것도 없었다. 거기에는 또 다른 목표물만이 있었을 뿐.

기자가 된 뒤, 어떤 선배가 내게 '정석의 코스'라며 알려준 길이 있다. 법조 팀을 갔다가 정치 팀 기자를 하고, 할 수 있으면 앵커를 해서 이름을 알린 뒤, 정계에 입성해 이름난 정치인이 되는 것. 그게 기자들이 할 수 있는 가장 큰 출세가 아니냐고 말했다.

'그 끝에 간다고 해서 갈증이 사라질까요?'

물은 마셔도 다시 목마르다. 한가득 마신 다음에는 더 이상 목마르지 않을 것 같지만, 한 시간만 지나도 우리는 자연스럽게 물을 찾는다. 승자는 경주마처럼 달리다가 생긴 갈증에 몸부림칠 것이고, 패자는 아무것도 얻지 못해 생긴 갈증에 허덕이겠지. 가진 것을 잘 지켜내는 것도 참 수고스러운 일이라는 걸 말해주는 사람들은 잘 없다.

이 찻집이 같은 자리에서 꿈쩍 않고 300년을 버티기까지, 얼마나 많은 사람들이 얼마나 많은 일을 매일같이 반복했을까. 같은 자리에서 잘 살아내는 것도 정말 대단한 일이다. 회사에서 잘리지 않게 제 역할을 묵묵히 해내는 것도 힘들고, 그 와중에 곁에 있는 가족들에게 잘하는 것도 정성이 필요하다.

무엇 하나 지나칠 수 없는 일상을 살아내는 중인데도 자꾸 더 나아가라고 한다면, 그 사람은 언제 행복해질 수 있을까? 잡다한 상념들이 뒤엉키는 사이, 두 번째 잔이 나왔다. "60도에서 우려냈어요. 맛이 조금 다를 거예요." 300년의 정성을 알게 돼서일까. 깊은 맛이 느껴졌다.

우려내는 온도에 따라
달라지는 녹차처럼

녹차와 사람의 공통점이 있다. 첫 만남에서는 강한 개성에 가려져 장점이 보이지 않을 때가 있다. 두 번째, 세 번째 만날수록 부드럽고 의외의 면모가 도드라지는 사람. 우리는 그런 사람을 보고 "매력이 있다"고 말한다.

녹차는 매력이 있다. 한 번 우려낼 때의 맛과 두 번 우려냈을 때의 맛이 다르고, 찬물로 우려낸 맛과 뜨거운 물로 우려낸 맛이 다르다. 내가 마셨던 교쿠로는 후쿠오카시 근교인 야메시에서 온 것이다. 나는 직접 산지에 가보기로 했다.

하이누즈카역(羽犬塚駅), 알싸한 공기가 코끝을 스쳐지나가는 겨울. 기차역을 둘러봤다. 사람이 몇 명 지나다니다가 말다가 했다. 야메시의 첫인상은 조금 당황스러웠다.

'택시를… 어떻게 잡지?' 차량 한 대가 기차역 앞에 대기하고 있었다. "혹시 택시인가요?" 아니었다. "여기는 택시 타는 곳이 아니고 저기…." 남성이 일본어로 천천히

후쿠오카 'Mitsuyasu Seikaen Tea Leaf Shop'에서 차를
우리기 위해 따뜻한 물을 퍼 올리는 모습. 더 많이 파는 것
보다 더 잘 파는 것. 그 중요함을 주인은 알고 있었다. 더
높이 올라가는 것보다 더 잘 올라가는 것이 우리 삶에서
중요한 것처럼.

맞은편을 가리켰다. "감사합니다."

도착했지만 택시는 한 대도 없다. 외국인이 택시를 못 잡아서 멀뚱히 서 있는 게 안타까웠는지 남성이 다시 가까이 왔다. "택시가 잘 안 잡히네요. 어떡한다…" 또 다른 행인이 다가왔다. 나이가 지긋한 노인이었다. 중년의 남성이 노인에게 열심히 설명하더니 노인이 끄덕이고는 두리번거렸다. 대충 "이 여자가 택시를 타야 하는데, 이 동네에 택시가 잘 안 다녀서 계속 기다리고 있다"는 말이 아니었을까.

두 행인이 열심히 주변을 살피던 중 저 멀리 도로에서 택시 한 대가 지나갔다. 그들이 재빠르게 손을 들어 이곳으로 오라는 신호를 줬다. "감사합니다!" 택시 밖 풍경은 신선했다. 야채를 심어놓은 밭도 보이고, 나지막한 평야가 멀찍이 흩어져 있었다. 하늘은 유난히 더 맑고 파랬다.

자그마한 언덕을 오르자 커다란 간판이 보였다. 찻집이 조금씩 가까워졌다. 옆으로 고개를 돌리자 차 밭이 그 모습을 드러냈다. 광활한 대지 위에 피어난 초록. 그 풍경에 나는 잠시 마음을 빼앗겼다.

세상에는 돈 주고 살 수 없는 것이 있다. 고단한 여행 끝에 맛본 녹차도 그중 하나. 2층 테라스에 앉아 주문한 차를 받았다. "맛있게 드세요." 테라스는 창 없이 뻥 뚫려 있었다. 건너편에는 차 밭이 드넓고 가지런하게 펼쳐져 있었다.

따뜻한 차 한 모금이 온기를 싣고 천천히 몸속에 퍼졌다. 나는 이 온도를 좋아한다. 코트 하나만 걸치면 춥지 않고 서늘한 초겨울의 온도. 한 잔의 녹차로 충분히 몸을 녹일 수 있다. '따뜻해.'

겨울에만 만날 수 있는 서툰 햇살은 돈 주고 살 수 없는 또 다른 선물이다. 태양은 여름에 마주치면 서로 불쾌하다. 나도 그가 불쾌하지만, 그도 땀에 젖은 채 자신을 피해 다니는 내가 달갑지 않겠지.

하지만 지금 우리는 서로가 반갑다. 겨울바람에 섞여 열기가 조금씩 으스러지지만, 서툴게 나를 감싸는 따뜻한 햇살 한 조각. 바로 이런 것들 때문에 편안한 집을 두고 고단한 여행길에 오르는 것이 아닐까. 돈 주고 살 수 없는 아름다움이 그리워서.

'OISHI TEA FACTORY'의 차 밭. 뒤에 보이는 차 밭은 모두 같은 색이라고 한다. 차는 종류에 따라 우리는 방식도 다르고, 맛도 다르다. 같은 밭에서 자란 차도 어떻게 만드느냐에 따라 완전히 달라지는데, 하물며 사람이라고 다르진 않을 것이다. 사람의 재능도 성격도 모두 다르다. 알맞은 방식과 온도로 우려질 때 사람도 가장 깊은 맛을 낸다.

테이블 위로 노트 한 권이 스윽 올라왔다. 노트 위에는 일본어와 영어가 차례대로 적혀 있었다. '눈앞에 보이는 기계는 서리를 방지하는 팬입니다. 찻잎들이 얼어붙는 것을 방지하죠.' 점원이 싱긋이 웃으며 물었다. "혹시, 잠시 설명해드려도 괜찮을까요?" "네, 물론이죠."

그녀가 차 밭을 가리켰다. "저 앞에 커다란 팬 보이시죠?" 마치 바람개비 같은 팬이 차 밭 곳곳에 세워져 있다. 녹차가 서리 피해를 입지 않도록 만들어둔 방상팬. 날씨가 추워지면, 공기를 순환시켜 서리 피해를 막는다고 했다. 점원은 손끝으로 차 밭을 가리키며 이야기를 이어갔다.

"그리고, 저 멀리 차 밭을 자세히 보시면요. 번갈아가면서 한 줄 한 줄이 다른 색으로 보일 거예요. 한 줄은 진한 녹색, 한 줄은 연한 녹색으로 보이죠?"

"정말 그러네요."

"하지만 다 같은 색이랍니다. 찻잎을 따는 기계가 위, 아래로 왔다 갔다 하면서 찻잎들의 방향이 달라졌어요. 그래서 빛이 다르게 반사되니까 어떤 줄은 연하게, 어떤 줄은 진하게 보이는 거예요."

비밀은 찻잎의 각도. 내가 물었다.

"지금도 수확 하나요?"
"아뇨, 가장 맛있는 찻잎은 4월과 5월에 나와요. 굉장히 부
드러워요. 5월 3일부터 3일 동안 저희 차 밭에서 축제를
열어요. 축제 때 놀러오세요."

차의 세계는 알수록 깊고, 넓다. 같은 밭에서 나오는
찻잎이어도 재배 방식에 따라 달라진다. 센차(煎茶)는 봄
부터 초여름에 걸쳐 딴 차고, 교쿠로는 찻잎을 따기 약
20일 전부터 햇빛을 차단해 만든 차다. 교쿠로는 쓴 맛이
적고, 다시마 육수 같은 감칠맛이 강해 더 고급차로 여겨
진다.

차는 추출되는 온도에 따라서도 맛이 달라진다. 추출
온도가 낮을수록 센차과 교쿠로 모두 쓴 맛이 줄고 감칠
맛이 깊어진다. 차에 따라 추출하는 방식도 달라야 한다.
교쿠로는 40도의 물로, 센차는 70도의 물로 첫 잔을 우
려내고, 그 뒤부터는 잔마다 10도씩 높여가며 우린다. 결
국 어떻게 다루느냐에 따라 같은 차여도 맛은 천차만별

로 달라진다.

사람도 마찬가지다. 사람에게 주어진 재능과 성격은 다 다르다. 고유한 장점이 극대화되는 순간도 다르게 찾아온다. 어떤 사람을 만나느냐에 따라 재능은 구름을 뚫고 하늘 저 끝까지 올라가기도, 흔적도 없이 사라지기도 하는 걸 경험한 적이 있다.

내 재능에 날개를 달고 활짝 펼 수 있게 해줬던 건 남편이다. 누군가 기자라는 내 직업과 나를 보더니 드세다고 한 적이 있다. 현장에서 오들오들 떨며 추위와 싸우거나, 한여름에 땀을 비 오듯 흘려가며 한 땀, 한 땀 쌓아간 나의 모습이 그저 '드세다'는 한마디로 표현되다니. 한 줄이라도 제대로 써보려 하다 만들어진 나의 모습을 쉽게 던진 한마디로 뭉뚱그릴 때, 슬프고 말문이 막혔다. '내가… 진짜 그런가?'

하지만 남편은 나를 "멋있다"고 해줬다. 그는 나를 '예또'라고 불렀다. "나는 네가 또라이라서 좋아. 예쁜 또라이."

그는 나의 왈가닥 장난기 많은 성격을 즐거워했고, 내 장난에 재치 있게 응수하며 때로는 박장대소하게 만들었다. 티키타카라는 말을 그를 만나면서 이해하게 됐다. 웃음은 어둠이 잠시 우리를 비껴가게 만든다. 그는 내게 웃음을 찾아줬고, 그 웃음은 꺾였던 내 날개를 펴줬다.

"교쿠로 한 봉지 주세요." 나는 좋은 걸 볼 때마다 그가 생각난다. 그에게 줄 녹차 한 봉지를 샀다.

화려한 사람보다
편안한 사람이 되길

녹찻잎을 고온에 볶아서 우려낸 차, '호지차(焙じ茶)'. 볶을 땐 사방으로 구수한 향이 퍼져서 좋고, 마실 땐 떫은맛을 내는 카테킨 성분이 줄어 부드럽게 넘길 수 있다. 녹차 특유의 쓴 맛을 싫어하는 사람들에게 좀 더 편안하게 다가가는 차.

나는 일본 여행 중에 호지차의 매력에 푹 빠져 있었다. 오늘도 후쿠오카의 한 찻집에서 센차와 호지차를 시켰다. 저 멀리 냄비에서 수증기가 올라온다. 점원은 길쭉한

나무 국자로 냄비 안의 물을 퍼서 잔에 붓는다. 나는 늘
저 냄비가 궁금했다.

"혹시, 저 안에 있는 물 온도는 몇 도인가요?"
"아, 저 냄비 안에 있는 거요? 90도로 유지하고 있어요.
녹차마다 가장 맛있는 물 온도가 다르잖아요. 센차는 70
도가 가장 맛있기 때문에 물을 그릇에 옮겨 담고 조금 식
혀요."
"그렇군요. 호지차는요?"
"호지차는 예외예요. 90도의 물로 내립니다. 첫 잔도
90도, 두 번째 잔도 90도예요."

언젠가 호지차 같은 사람이 되고 싶다는 생각을 했다.
누구에게나 편안하게 다가갈 수 있는 사람. "이번에는 센
차에 현미를 넣었어요. 한 번 맛보세요." 같은 찻잎으로
총 세 번 내려주는 센차. 이 가게는 그중에 한 번, 현미를
섞는다. 차 주전자에서 미숫가루 향이 났다. 녹차의 싱그
러움이 섞여 있어 텁텁하지 않고, 계속 맡고 싶은 향. "향
이 너무 좋아요." "호지차는 두 번째 잔에 레몬그라스를

넣어 드릴 거예요."

호지차와 센차 중에 더 고급인 것은 센차다. 과거에 품질이 좋은 녹차는 비싸서 상류층들만 마실 수 있었고, 값싼 찻잎으로는 괜찮은 맛을 내기 어려웠던 서민들이 하급 차를 볶기 시작했다고 한다. 그렇게 만들어진 게 호지차라고 전해진다.

그럼에도 나는 교쿠로나 센차보다 호지차가 더 기다려질 때가 있다. 물론 고급 녹차만이 가진 화려만 풍미가 있다. 싱그러움 속에 조금씩 피어나는 감칠맛. 나는 그 맛이 좋아서 하루에도 두세 잔씩 녹차를 마신다. 그러나 어떤 날은 "호지차와 교쿠로 중에 뭘 마실래?"라고 물으면, 주저 없이 호지차를 택할 것만 같은 때가 있다. 유난히도 그 구수한 맛이 그리울 때.

마치 인간관계와 닮아 있다는 생각이 들었다. 사람들은 사회적 지위가 높은 사람들을 인맥이라고 부르면서 주변에 둔다. 하지만 막상 기쁘거나 슬플 때 보고 싶은 이들은 따로 있다. 그들은 내게 편안함을 주는 사람들이

다. 호지차처럼.

어린 시절엔 교쿠로나 센차처럼 화려한 사람이 되고 싶었다. 사람들에게 빛나는 커리어우먼으로 비춰졌으면 했다. 그러나 한 해, 두 해 나이를 먹어갈수록 더 가치 있는 건 따로 있다는 생각이 들었다. 편안함을 주는 사람이 되는 건 화려한 사람이 되는 것보다 더 어려운 것 같다.

나를 편하게 해줬던 사람들에게는 몇 가지 공통점이 있다. 그들은 상대방의 이야기를 귀 기울여 들을 줄 알았다. 그리고 나의 슬픔과 기쁨에 공감해줄 수 있는 넉넉한 마음을 갖고 있었다. 그들에게도 자신만의 확고한 취향이나 의견이 있지만, 상대방이 불편해할 것 같으면 그것을 쉽게 드러내지 않았다.

가끔 내 뒤를 돌아보면 부끄러울 때가 있다. 몸과 마음이 힘들었던 시절, 가시 돋친 나를 대할 때 사람들이 얼마나 불편했을까. 지금은 부끄럽고, 미안하다. 좀 더 편안한 사람이 돼주지 못한 것에.

성경 구절 중에 사람은 대답하는 말을 듣고 기쁨을 얻는다는 내용이 있다. 누군가와 대화할 때, 잘 대답하려고 가장 애쓸 때가 언제였을까? 나는 입사 면접 때였던 것 같다. 사람들은 잘 보여서 득이 되는 사람들 앞에서 그들에게 기쁨을 줄 대답을 찾느라 애쓸 수밖에 없다. 그런 사람들 말고, 이제는 편안함이 필요한 사람들에게 언덕이 돼주고 싶다. 가족이나 친구, 혹은 나의 동료에게.

세
번
째

걸
음

나를 살게 하는 것들을 찾아서

베트남에서

낯선 삶으로 빨려 들어간
작은 기적

여행자를 다른 말로 하면 '나그네'다. 자기 고장을 떠나 다른 곳에 잠시 머무는 사람들. 나그네를 따뜻하게 맞아주는 건 말로는 쉽지만 실천하기는 어렵다. 나와 문화권이 다르고, 한 번도 본 적 없는 사람에게 곁을 내어주는 일. 그런 일은 같은 문화권에 살아도 서로를 경계하는 게 익숙해진 이 세상에서 보기 드물다.

그래서 여행 중에 나에게 그런 일이 일어날 거라고는 전혀 예상치 못했다. 베트남 현지 친구들을 만나기 전까지는. 우리는 양옆이 숲으로 둘러싸인 오목한 해변에 앉아 있었다. 서로 알게 된 지 이틀이 된 날이었다.

우리의 첫 만남은 그들 중 한 명이 일하던 카페에서 시작됐다. 베트남 카페의 매력은 음료의 종류가 참 다양하다는 점이다. 이 카페에서 처음 주문한 메뉴는 '소금 크림 말차'였다. 한참 가게에서 시간을 보내다 보니 처음 시킨 음료를 다 마셔버렸다. 점원의 추천 메뉴는 뭘까, 궁금해졌다.

"음료를 한 잔 더 시키고 싶은데, 추천해주실 수 있으세요?"
"혹시 차 좋아하세요?"
"네, 좋아해요."
"그럼 이것 드셔보세요. 베트남 현지에서 재배한 차인데요. 꽃향기가 아주 매력적이에요."

그녀가 잠시 고민하다가 나에게 '부다티(Buddha Tea)' 라는 메뉴를 추천해주었다. 사실 이날을 기점으로 차에 관심이 생기기 시작했다. 책에 소개된 다른 찻집과 차 가게들도 대부분 이날 이후로 방문하게 되었던 곳이다.

점원의 이름은 '탄'. 이날 탄과 나눴던 대화들은 차에 대한 내 첫인상을 만들어줬다. 처음에 탄은 차를 2분 정도 우려내더니, 나에게 찻잔의 뚜껑을 집어서 건넸다. 뚜껑에서 은은한 꽃향기가 맴돌았다.

"향을 맡아 보세요. 달콤할 거예요."

"향긋하네요."

"그렇죠? 저도 이 향기를 너무 좋아해요. 베트남에 휴가를 보내러 오신 거예요?"

"맞아요. 일요일까지 일하다가 왔어요."

"피곤하시겠네요."

그녀가 안타까운 표정을 지었다. 골똘히 생각하더니 옆에 있던 하얀 머그컵을 가리키며 말했다.

"이 컵의 이름은 해피컵이에요. 제가 지었어요."

"해피컵! 참 예쁘네요. 무슨 의미예요?"

"제가 차를 좋아하는데요, 항상 이 컵에 담아서 마셔요.

차 향기를 맡으면 마음이 평안해지는데, 그 순간이 행복하니까. 행복을 가져다주는 컵이라고 생각해서 지은 이름이에요."

'평안' 그게 내가 접한 차의 첫인상이었다. 말이라는 것은 참 신기하다. 컵에 '행복'이라는 이름을 붙이고 나니 차를 마실 때 행복을 같이 마시는 것 같은 기분이 들면서 괜스레 미소가 지어진다. 지친 일상이 누군가가 던진 말 한마디에 봄 풍경처럼 부드럽게 채색될 때가 있다. 탄과 나눈 대화가 그랬다. 그때부터 우리는 이런저런 대화를 하며 좀 더 가까워졌다. 그중에는 내가 혼자 여행 중이라는 이야기도 있었다.

그 무렵 탄의 친구 한 명이 카페에 합류해 우리는 셋이 되어 있었다. 그 둘은 잠시 베트남어로 대화를 나누더니 내게 제안했다. "내일 다낭 구경시켜드릴까요?"

그렇게 시작된 여정이었다. 우리는 그날부터 친구가 됐다. 탄의 친구 장은 나보다 8살 정도 어렸다. 대학교를 졸업한 지 얼마 안 된 그는 탄이 일하는 가게에 거의 매

다낭 'Séu the tea room'에서 탄이 건넸던 해피컵. 평범한 컵에 탄은 해피컵이라는 이름을 지어주었다. 이름의 힘은 실로 위대한 것 같다. 기분이 가라앉은 날 이 잔에 차를 마시면 기분이 꽤 괜찮아질 것 같은 마법의 컵이다.

일 출근하다시피 방문했다고 한다. 장은 얼마 전 사람들에게 많이 알려지지 않은 해변을 찾아냈다며, 들뜬 얼굴로 말했다. "풍경이 정말 예뻐. 노을 질 무렵에 가면 놀랄 거야."

다음 날, 그 해변에 가기 위해 둘은 각자의 오토바이를 끌고 왔다. 나는 탄의 뒤에 탔다. "무서워. 나 오토바이 처음 타봐." "그래? 걱정마. 나 베스트 드라이버야." 탄의 오토바이가 천천히 출발했다. 다낭 시내의 풍경이 한눈에 들어왔다. 문을 활짝 열어둔 채 다닥다닥 붙어 있는 조그만 상점들이 보였다. 이국적인 풍경이 택시를 탔을 때와는 또 다른 느낌으로 와닿았다. '내가 베트남에서 오토바이를 타고 있다니.'

베트남에 처음 왔을 때가 떠올랐다. 그때는 도로를 뒤덮은 오토바이들이 신기했다. 한국이 자동차 위주의 도로라면, 베트남은 오토바이를 중심으로 흘러가는 듯 보였다. 탄이 말하길 다낭에는 좁은 골목길이 많아서 오토바이를 타고 다니는 게 편하다고 했다. 현실이 아닌 것 같은 느낌도 들었다. 도로를 활보하는 수많은 오토바이

무리 속에 내가 있다니.

나는 들떠 있었다. 타국으로 여행을 갈 때마다 그 나라에서 살아가는 사람들의 삶은 어떨지 늘 궁금했다. 그 나라를 알고 싶어서 떠나는 여행이지만, 여행자라는 한계 때문에 멀리서 바라볼 수밖에 없었다. 맛집이나 관광 명소를 간다고 해서 그 나라를 다 알 수 있는 것은 아니니까. 그래서 이 순간이 참 반가웠다.

신호등 앞에서 잠시 정차해 있을 때, 주위에 있는 다른 청년들의 모습이 눈에 들어왔다. 친한 친구들끼리 각자의 오토바이 위에 앉아 농담도 건네고 이런 얘기, 저런 얘기를 하며 수다를 떨었다. 사방이 꽉 막힌 자동차가 아니라 오토바이여서 가능한 일이었다. 나도 그렇게 이야기를 나누고 있었다.

장이 물었다. "반미 사서 가는 것 어때?" 탄이 큰 소리로 대답했다. "좋지!" 신호가 바뀌자, 장이 오토바이를 돌려서 근처 가게로 들어갔다. 우리는 그사이에 마실 것을 좀 사기로 했다. "코코넛 워터 어때?"

인간이 사랑보다
미움을 택하는 이유

사람들에게 염증이 난 건 이런 질문을 듣기 시작할 때쯤부터였다. "아영 씨는 회사에서 누구랑 친해요?" 회사 사람들은 누가 누구와 밥을 먹는지에 관심이 많았다. 직장인들이 바글바글한 동네에서 밥을 먹다 보면 꼭 같은 회사 사람 한두 팀은 같은 식당에서 마주쳤다.

"저 둘이 밥을 먹네?"
"둘이 친한 사이였어?"

식탁 위에서는 누군가의 험담이 나오기도 하고, 건너 들은 옆 부서 소식이 오고 가기도 한다. 그 소식을 들은 누군가는 또 다른 테이블에서 그 얘기를 전한다. 흥미로운 얘기를 전해들은 누군가는 그 이야기를 주워서 또 다른 사람과 밥을 먹을 때 사용한다.

'환멸' 그 단어가 가장 정확할 것 같다. 마음속에서 점점 커져가던 불편한 그 감정. 이야깃거리를 주워 나르는 건 기자의 본능이다. 대부분의 기자들이 공감하는 순간이 있다. 취재원과 이야기하다가 아무도 모르는 단독 기사거리가 나왔을 때, 특히 사회부 기자로 일하게 되면 그런 순간을 마주할 때가 더러 있다. 그럴 땐 이야기를 들으면서 갑자기 심장이 두근거리고 마음이 조급해진다. 이 이야기를 어디서부터 어떻게 기사로 쓸 것인지, 머릿속이 복잡해지기 시작한다.

그래서 기자 집단은 한 번 소문이 퍼지기 시작하면 무서운 속도로 이야기가 돌고 돈다. 직업이 이야기꾼들이니 한 줄, 두 줄 덧붙여서 사람들이 듣기 좋게 자극적으로 포장하면 정작 당사자의 귀에 그 내용이 들어왔을 때는 '엥? 이게 무슨 말이야?'라고 할 정도로 이야기가 과장돼 있을 때가 있다. 그리고 나도 내 얘기가 그렇게 커지는 걸 겪어봤다.

기자 생활을 할 때는 소음을 제거하는 데 집중했다. 기사를 쓰고 난 뒤에는 취재원의 소음을, 회사 밖에서는 동료들의 소음을. 그 모든 소음을 제거하지 않으면 혼탁한 채로 살아가는 것 같았다. 모래 알갱이가 섞인 물을 흔들면 흙탕물로 변해버리는 것처럼 아침에는 맑았던 정신이 오후쯤에는 금방 혼탁해져버린다.

소음을 제거하기 위해서 나는 혼자 있을 수 있는 공간을 찾아냈다. 가끔씩 점심시간에 도시락을 하나 사서 근처 공원에 갔다. 차 안에 앉아 넷플릭스를 보면서 밥을 먹다 보면 좁은 차 안에 음식 냄새가 진동한다. 썩 유쾌한 일은 아니지만, 그렇게라도 혼자 있고 싶었다. 혼잡한 얘기가 오가는 식당보다 내 앞에 서 있는 고요한 나무를 바라보는 게 더 이롭게 느껴졌다.

나를 괴롭힌 건 한 가지 더 있었다. 나는 제보자들의 일그러진 표정을 마주보는 게 힘들었다. 선배들은 이슈가 되는 큰 사건이 터지면, 약한 고리가 어디인지부터 파악했다. 그 사건으로 인한 이해관계가 생겼을 때 불리한 위치에 서 있는 사람일수록 입을 열 가능성이 크기 때문이다. 양심의 가책을 느낀 내부 고발자들이나 공익을 위해 스스로 나서는 제보자도 있지만, 그렇지 않고 의혹만 남아 있을 때는 제보해줄 사람을 기자가 직접 찾아나서야 한다.

제보자들은 특징이 있다. 대체로 자신을 방어하거나 억울함을 호소하거나 아니면 누군가에게 복수하고 싶어서 입을 여는 사람들이 많다. 노련한 기자 선배들은 사람들의 그런 심리를 꿰뚫고 항상 한발 앞선 상황을 내다봤다. 어떤 사태가 벌어지기 시작하면, 그 길목에 서서 누구에게 연락해야 하는지를 지목했다. "이 사람을 찾아보자. 이 사람은 인터뷰해줄 수도 있어."

직업적으로는 선배들의 그런 점을 배우고 싶을 때도 있었다. 그들의 예측이 맞아 떨어질 때면 소름이 돋았다. 취재 경쟁에서 뒤처지지 않으려면 다른 언론사보다 한발 앞서 있어야 하는데, 그때 그 선배들의 지시가 우리가 탄 배를 나아가게 만들 때도 있었다. 한편으로는 감탄했고, 한편으로는 부담을 느꼈다. 나중에 나도 저런 선배가 될 수 있을까. 취재 방향을 정해야 할 위치에 서 있을 때 저런 역량이 없으면 어떡하지.

그러다 보면 이 직업은 나와 맞지 않을 수 있겠다는 생각이 문득 스치기도 했다. 인간과 인간 사이에 생긴 틈, 그 틈을 비집고 들어가 숨겨져 있던 이면을 들춰내는 일.

그로 인해 제도를 바꾸고, 숨겨진 진실을 꺼내 사실 관계를 바로 잡을 때도 있지만, 그 과정에서 마주쳐야 할 얼굴들은 돌처럼 굳거나, 화내거나, 욕망에 들끓거나, 슬픈 모습일 때가 많았다. 나는 그 표정들을 보는 데에 지쳤던 것 같다.

약 8년이라는 시간 동안 수많은 인간 군상을 보면서 분명하게 느낀 게 있다. 배울 점이 많고 선한 사람도 있었지만, 그런 사람의 수는 적었다. 사람은 타락하기 쉬운 존재다. 이기심이 이타심을 이기는 게 훨씬 쉬우니까.

사랑하는 것보다 미워하는 게 쉽고, 오래 참는 것보다 화내는 게 쉽고, 겸손한 것보다 자랑하는 게 쉬운 것처럼. 용서하는 것보다 원한을 품는 게 쉽고, 예의 바른 것보다 무례하기가 쉽고, 다른 사람들이 잘되기를 바라는 것보다 안 되는 걸 바라는 게 쉬운 것처럼.

성공하고, 부자가 되는 것이 미덕이 된 세상에서는 당연한 것일지도 모르겠다. 특히 기사에는 차마 담지 못하는 뒷이야기들, 전해 받은 녹취록을 처음부터 끝까지 다 듣고 있다 보면, 그때마다 내 영혼도 그들과 함께 일그러지는 기분이 들었다. 내가 다뤄야 할 뉴스들은 부정적인 내용이 훨씬 더 많았다.

사람들은 세상을 사는 게 어렵다고 말하지만, 많은 사람들이 쉬운 길을 택한다. 오래 참고, 자랑하지 않고, 원한을 품지 않고, 남들이 잘되는 것을 바라는 게 훨씬 어렵다. 하지만 그 모든 것은 사랑의 속성이기에 사랑하려는 자는 어려운 길을 택해야 한다. 상대의 매력에 이끌려서 사랑한다고 말하기는 쉽지만, 온전히 한 사람을 품어주는 사랑을 한다는 것은 참 어려운 일이다. 사람을 사랑으로 품는다는 건 그래서 어렵다.

나에게 어렵게 살았는지, 쉽게 살았는지 묻는다면 부끄럽지만 나 또한 쉽게 살았다. 지난날을 돌이켜보면 나는 나에게 잘못한 사람을 용서하기보다 욕했던 때가 더 많았고, 일 처리가 빠르게 진행되지 않으면 오래 참아주지 못했다. 사랑을 할 줄 몰랐던 나는 일그러진 표정의 그들과 별로 다르지 않은, 한 명의 나약한 인간일 뿐이었다.

다수가 어려운 길보다 쉬운 길을 가고 있기에 뉴스에는 따뜻하고 살가운 소식보다 듣기 싫고 거북한 얘기가 더 많은 것이겠지. 세상을 사는 게 어렵다고 얘기하지만,

우리는 정말 어려운 길을 걷고 있을까? 때마다 쉬운 길을 골라서 걷고 있으면서도 혹시나 자각하지 못하고 있는 건 아닐까.

여행에서야 느낀
온기

그날 다낭 해변에서 내가 마신 코코넛 주스는 지금껏 먹어본 코코넛 주스 중에 가장 맛있었다. 맛이 주는 즐거움보다 어쩌면 그 순간 느꼈던 연대가 행복했던 것일지도 모른다. 사람이 사람에게 주는 따뜻함. 그 온기가 좋아서.

"집에서 다 가져온 거야?"
"응. 같이 먹으려고."
"얼음 완전 많지. 슈퍼에 갔더니 직원들이 문을 닫으려던 참이었나 봐. 남아 있던 얼음을 다 주더라고."

탄과 장이 아이스박스에서 음식들을 꺼냈다. 그들은

나를 위해 많은 것들을 챙겨왔다. 간이 의자 세 개, 깔고 앉을 담요, 아이스박스에 잔뜩 챙겨온 얼음 그리고 베트남식 샌드위치인 '반미'와 간식들까지. 장이 내게 물었다. "매콤한 것 좋아해? 반미 두 개 중에 하나는 매콤해. 네가 원하는 걸로 먹어."

그날 우리는 꽤 오랜 시간 해변에 앉아 이야기를 나눴다. 서서히 해가 떨어지다가 노을에 잠겨 까만 밤이 찾아올 때까지. "하늘에 별이 정말 많네." 나는 무심코 하늘을 올려다봤다. "저거 많이 사라진 거야. 예전에는 은하수도 보였는데." "정말?"

우리는 꿈에 대한 대화를 많이 나눴다. 이제 막 대학교를 졸업한 장은 꿈이 여러 개였다. 그는 NGO에서 일하거나 기자가 되고 싶다고 했다. "나는 사람들을 돕고 싶어." 그의 눈에 나는 꿈을 이룬 사람이었다. 기자를 해보니 어떠냐는 질문에 잠시 말문이 막혔다.

약 8년의 기자 생활 중에 어느 때에 나를 만났느냐에 따라 할 수 있는 얘기가 달랐을 것이다. 보람을 느끼던 때도 있었고, 회의감에 그만두고 싶을 때도 있었으니까.

다양한 감정을 겪고 나니까 세상 어느 직업에 이런 롤러코스터가 없겠냐는 생각도 들었다.

기자 생활 마지막 연차 때의 나는 장에게 환상을 심어주고 싶지도, 그렇다고 환상을 깨고 싶지도 않았다. 그가 마주할 세상은 다를 테고, 그가 바라보는 시선도 다를 테니. 나는 대충 얼버무렸다. "좋은 점도, 힘든 점도 있지."

탄은 실력 있는 바리스타가 되는 게 꿈이라고 했다. 탄은 커피만큼 차에 대한 애정도 남다르다. "내년에는 사장님과 일본에 있는 말차 공장에 가볼 계획이야." 그들은 내 꿈이 뭐냐고 물었다. 부끄럽지만 용기내어 말했다. "나? 음…. 책을 쓰고 싶어. 글 쓰는 일은 계속 하고 싶네."

그날의 기억은 그동안 내가 여행하며 쌓은 모든 추억들 중에 지금까지도 가장 강렬하게 남아 있다. 마치 초등학생 시절로 돌아간 느낌이었다. 오목하게 들어간 해변을 에워싼 숲. 잔잔하게 부딪히는 파도 소리. 이따금씩 머리카락을 스치고 지나가는 바닷바람. 때 묻지 않은 이야기를 두런두런 나눴던 순간들. 인생에서 너무 오랜만에 마주한 순간이라 타임캡슐을 꺼내본 것처럼 반가웠다.

탄, 장과 함께했던 다낭의 한 해변에서. 낯선 여행객을 친구로 선뜻 받아준 이들 덕분에 나는 잊고 살았던 따뜻한 마음과 온기를 누릴 수 있었다. '무슨 뜻으로 저런 말을 하는 거지?', '혹시 나 때문에 기분이 상했나?' 같은 복잡한 생각 없이 편안하고 솔직하게 사람을 대했던 게 언제였던가. 우리는 너무 많은 갑옷을 껴입고 사람을 대하는 게 아닐까.

해변에서 나온 뒤 다시 오토바이 뒷자리에 올라타며 말했다. "나 이제 오토바이에 좀 익숙해진 것 같아." 탄이 웃었다. 시원한 밤공기가 얼굴에 닿았다. 풀어헤친 머리가 바람에 제멋대로 나부꼈다. 다리를 건너며 강을 바라보는데 알 수 없는 자유로움이 느껴졌다.

불 속에서 피어난
뜨거운 연대

강원도에서 기자를 하고 있었을 때의 일이다. 고성에서 산불이 크게 났다. 나를 비롯한 모든 기자들이 투입됐다. 취재차를 타고 도로를 달려가는데, 바람을 따라 불씨가 바닥을 휩쓸고 지나가는 게 보였다. 하늘과 땅의 경계가 시뻘겋게 변해가는 모습을 보자 마음 한편이 쿵하고 내려앉았다. 누군가 평생을 일궈온 삶의 터전이었을 곳들이 화염 속에 쓰러지고 있었다.

그날은 내가 기억하는 다른 어떤 현장보다 바람이 거셌다. 작게 피어나고 있던 불씨들은 갑자기 불어온 강풍에 삽시간에 큰 불로 바뀌었다. 촬영하던 영상 기자 선배는 무거운 카메라를 들고서 갑자기 도망쳐야 했다. 우리가 차에 타려고 하자 이번에는 강풍에 차 문이 잘 닫히지 않았다. 힘들다고 생각할 겨를도 없을 정도로 그 밤이 정신없이 지나갔다.

동이 터올 무렵, 차에서 잠시 눈을 붙이다 깼는데 멀리서 줄지어 오는 소방차들이 보였다. 각 지역에서 산불 진화를 돕기 위해 새벽부터 부지런히 달려오고 있었다. 그 모습을 보니 울컥하고 눈물이 맺혔다. 그날 많은 사람들이 연대했다.

화마가 휩쓸고 간 자리에는 앙상한 건물 잔재들만 남았다. 다 타버린 사무실 캐비닛 주변에서 뭐라도 남은 게 있을까 하고 살펴보던 아저씨, 보금자리가 불에 탈까 봐 밤새도록 주택 주변에 바가지로 물을 떠다 부었다는 노부부, 대피하던 주인이 목줄을 풀어줘서 목숨은 건졌지만 몸 곳곳이 불씨에 그을린 채 돌아다니던 강아지. 그 동네를 스치고 지나갔던 조용한 좌절 앞에서 영상 기자 선배와 나는 한동안 말을 잃고 걸었다.

기자 생활을 하다 보면 극한 상황에 부딪힐 때가 많다. 산불과 태풍, 폭우와 홍수. 살면서 느낀 가장 무력한 순간들은 바로 그 재난 현장을 지켜볼 때였다. 자연 앞에서 인간은 가장 무력하다. 벽을 세워 추위를 막고, 높은 건물을 쌓아 올릴 때 인간은 자연을 정복했다고 생각한다. 하지만 현장에서 본 인간의 구조물들은 너무나 연약해 보였다. 힘들게 일궈 놓은 것들이 하루아침에 사라지기도 했다.

극한 상황에서 가장 필요한 건 곁을 지켜주던 사람들이었다. 대피소를 만들어 부지런히 생수와 김밥을 나르고, 다친 사람들을 돌봐주고, 베개와 이불을 가져다줬던 사람들. 피해 주민들은 그들이 내민 손을 잡고 다시 한 번 일어날 힘을 얻었다. 대피소에 모여든 자원 봉사자들은 체력을 아끼지 않고 진심을 다해 피해 주민들을 도왔다. 황망해하던 어르신들을 토닥여주던 그들의 손길과 걱정해주던 눈빛이 아직도 기억에 남는다.

살다보면 사람 때문에 인생의 씻을 수 없는 상처를 입을 때가 있다. 그럴 때면 다시는 사람을 믿지 않을 거라고 다짐하고, 사람을 멀리하기도 한다. 그럼에도 불구하고 내가 믿는 것이 있다. 인간은 인간과 함께 있을 때 가장 강하다는 것. 지치지 않고 사랑해야 한다는 것. 그래야만 우리가 살아남을 수 있다는 것. 그 한 가지는 지금도 굳게 믿고 있다.

나에게 필요한 건
느리게 걷는 연습이었다

나는 아직도 급하다. 수십 개가 넘는 카톡이 쌓여 있고, 그 카톡들에 일일이 답장하던 일상이 수년간 이어지다 보니 원래 급했던 성격이 더 급해졌다. 한 번에 여러 가지 일을 처리해야 직성이 풀린다. 그런 나의 성격과 베트남의 문화는 정반대였다.

택시를 타고 호이안으로 향했다. 휙휙 지나가는 풍경이 우리나라 농촌 마을의 모습과 비슷해 보였다. 내 옆으로 서양인 여성을 태운 그랩 오토바이 한 대가 지나갔다. 문득 탄의 오토바이 뒤에 앉아 있던 때가 생각났다. '그

날, 참 즐거웠는데.'

호이안에서 내가 방문한 카페 1층에는 테라스가 있었다. 나는 조금 더워도, 밖에 앉아 있는 것을 좋아한다. 여행자의 특권 중 하나는 그 나라의 평범한 길거리도 그냥 지나치지 않고 흥미롭게 바라볼 수 있다는 데에 있다. 나도 그날은 지나다니는 사람들을 열심히 구경할 생각이었다.

"에그 커피 한 잔 주세요." 테라스와 부엌 사이에는 커다란 창이 나 있었다. 젊은 청년 한 명이 열심히 커피를 만들고 있었다. 달걀을 섞어 통통한 크림을 만들기 시작했다. 크림을 커피 위에 붓고난 뒤 녹색 가루가 든 통을 가져왔다. "말차 가루예요?" "네, 맞아요."

청년이 작은 막대를 들어 끝 부분에 초콜릿 시럽을 조금 묻혔다. 크림 위에 한 줄씩 정교하게 기둥을 그리더니 섬세한 손길로 얇은 가지까지 촘촘하게 그린다. 녹색 가루를 톡톡 뿌리니 울창한 나무가 완성됐다. "우와" 내가 탄성을 내지르자 청년이 허리를 펴고 활짝 웃었다.

커피를 들고 테라스에 앉았는데, 그 순간이 참 낯설게

호이안 'Uncle huan coffee'에서 청년이 만들어준 커피.
행복을 음미할 여유가 있는 사람들 속에 있다보니 나도 조
금은 여유를 찾은 것 같았다.

느껴졌다. 한국에서도 충분히 즐길 수 있는 행복이었지만, 여행에 오기 전까지는 그럴 수 없었다. 문제는 나에게 있었다. 똑같이 조용하고 고즈넉한 가게에 앉아 있어도 머릿속은 복잡한 생각으로 가득 차 있었다. 그러니 내 눈은 볼 수 있어도 볼 수 없었다. 그 공간에 함께 머무르던 사람들의 미소도 고마워하지 않고 그냥 지나칠 때가 많았다.

에그 커피를 한 모금 입에 문 채 풍경을 구경하기 시작했다. 거리를 지나가는 사람들의 발걸음을 찬찬히 살펴봤다. 급하게 걷는 사람들은 두 시간 동안 한 명도 보지 못했다. 오른쪽 가게에는 나무 두 그루가 서 있었다. 나무들은 내가 앉은 테이블 위로도 드리워져 있어서 나뭇잎이 길거리와 테이블 옆에 톡 떨어졌다. 상인 한 명이 거리의 나뭇잎을 천천히 빗자루로 쓸고 지나갔다.

그 모습을 보는데 문득 지난 저녁이 떠올랐다. 베트남 친구들에게는 여유가 있었다. 나는 코코넛 주스를 나눠 마시려 장의 컵에 옮겨 붓다가 그의 손에 흘리고 말았다. 깜짝 놀라 미안하다고 사과한 내 말에 장은 씨익 웃으며 말했다. "괜찮아. 덕분에 손 씻었네."

탄은 내가 다낭을 떠나는 날 점심에 공항으로 마중을 나오겠다며 연락해달라고 했다. 마지막날 탄과 장은 정말 나를 배웅하러 공항까지 나왔다. 장은 내게 초콜릿을 한 개 건넸다. "사실 지난번에 너한테 사서 주려고 했는데, 그때는 다 팔려서 가게에 없더라고. 그래서 오늘 한 번 더 가서 사왔어. 베트남에서 유명한 초콜릿이야. 꼭 먹어봐."

내가 뭐라고 이렇게까지 잘해주는 것일까. 나는 이런 친절을 받을 자격이 있을까. 마음에 여유가 있는 사람들의 삶은 행복이 자리 잡을 공간이 생긴다. 바쁜 삶은 사람들의 여유도 빼앗고, 미소와 친절도 함께 가져간다. 무엇을 얻으려고 나는 그렇게 바쁘게 살았을까.

어느 여행자에게 베풀어준 이들의 친절을 보니 지나온 내 발자취가 보였다. 그들을 만나기 전까지 나는 너무 급하게 걸었고, 머릿속은 빈틈이 없었다. 바쁜 뇌는 행복을 느끼기 어렵다.

불행하지 않으면
행복한 거야

인생의 행복한 시절은 갖고 싶은 게 없을 때 찾아온다. 대학교 2학년, 내 인생에서 가장 갖고 싶었던 게 없었던 시기였다. 그때의 나는 아빠가 주시는 용돈 40만 원으로 살았다. 휴대전화 비용과 월드비전 후원금을 빼고 나면 30만 원 언저리가 남았다. 한 끼에 3천 원짜리 학식을 먹고 천 500원짜리 커피를 마시면 5천 원이 뚝딱. 그렇게 하루에 두 끼 먹는다 생각하고 만 원씩만 써도 한 달이면 남는 게 없었다.

하지만 감사했다. 아르바이트를 하지 않고도 학교를 다닐 수 있었으니까. 매달 40만 원의 용돈을 벌지 않아도 되는 만큼 더 열심히 살자고 다짐했다. 기숙사에서 눈을 뜨면 커튼 사이로 비치는 햇살이 나를 깨워주는 게 너무 행복했다. 그때는 불면증도 없어서 일어나면 그렇게 개운할 수가 없었다.

학교까지는 15분 정도 걸어야 했다. 계절이 바뀔 때마다 나무의 모습은 휙휙 바뀌었다. 나는 그중에서도 가을 나무를 가장 좋아했다. 잎마다 색이 다르게 변하는데, 그 색을 모아놓으면 어쩜 그렇게 조화로운지. 자연의 색은 보고 또 봐도 질리는 법이 없었다. 그때는 무선 이어폰이 없던 시절이어서 줄 이어폰으로 좋아하는 노래를 들으며 그 길을 걸었다. 조금 쌀쌀해지면 빨간 패딩 조끼를 걸쳐 입고 나갔다. 어느 날은 시험을 치러 갔는데 뒤에서 같은 과 친한 친구들이 킥킥 웃었다.

"야, 너 옷이 그게 뭐야. 복학생이야?" 내가 신은 삼선 슬리퍼에 빨간 조끼를 보고 웃었다. 그때까지만 해도 나는 옷에 관심이 없었다. 갖고 있던 게 기껏해야 맨투맨 세 장에 바지 세 벌, 겉옷 두 벌 정도였다. 시험 기간이라 렌즈도 끼지 않아서 뿔테 안경을 끼고 다녔는데, 도수가 높아서 안경을 끼면 눈이 작아졌다.

나는 친구들이 나를 놀리는 그 상황이 재밌었다. 나를 놀릴 수 있을 정도로 가까운 친구들이 있어서 좋았고, 스스로도 거울을 보면서 웃었다. "야, 나 이 패딩 큰 맘 먹고 산 거야." 학식 중에는 닭칼국수를 가장 좋아했다. 2천 원이 조금 넘는 가격이었는데 양도 푸짐하고 딱 내 입맛에 맞았다.

직장 생활을 하면서 종종 그 시절의 내가 떠오를 때가 있었다. 기숙사에서 학교로 걸어가는 가을의 그 골목을 걷던 내 모습이 너무나 아득한 옛날처럼 느껴졌다.

원래 행복한 순간에는 얼마나 행복한지 잘 모른다는 말이 있다. 그 당시의 나도 몰랐다. 눈앞에는 편입 시험이 있었다. 중간고사와 기말고사 성적이 대학 입시를 앞둔 고등학생만큼 중요했던 시기였다. 편입만 하면 미뤄뒀던 MT도 가고, 동아리 활동도 시작하고, 모든 것을 다 할 것처럼 시험에만 올인했다. 행복하냐고 누군가 물었다면 '뭐, 그럭저럭'이라고 대답했겠지.

그러나 '혹시 불행하니?'라고 물었다면, 그에 대한 대답은 확실히 말할 수 있다. "아뇨, 그건 아닌데요." 내가 생각한 내 인생은 잘 풀리고 있었다. 일단 1인실 기숙사에 합격했다. 멀리 남양주에 있는 고모집에서 왕복 4시간을 통학하다가 슬리퍼를 신고 학교에 등교할 수 있는 이 환경이 너무나 감사하게 느껴졌다. 심지어 2인실 기숙사가 아닌 1인실이었다. 언제 어느 때에 불을 켜도 상관없다는 건 축복이었다.

만약 지금 내게 같은 것을 준다면 똑같은 만족감을 느낄 수 있을까. 불평을 하자면 할 말이 참 많은 기숙사였다. 공동 화장실과 공동 주방을 써야 했고, 방은 좁고 시설은 낡았다. 서른이 훌쩍 넘어버린 나와 그 시절 나의 시선은 완전히 달라졌다. 이미 더 편한 환경의 자취방이 익숙해져 있는 나에게 감사의 기준은 한껏 올라가 있다.

인간은 늘 더 많은 것을 원한다. 그래서 행복한 순간에 행복하다는 것을 자각하기가 무척 어렵다. '행복하냐'고 묻고 싶을 때, 그 사람의 상태를 정확하게 알고 싶다면 질문부터 바꿔야 한다.

"너 불행하니?" 내가 살아온 인생을 기준으로 삼는다면, 이 질문에 그렇지 않다고 명확하게 대답할 수 있을 때가 행복할 때였다. 복잡한 생각 없이 평안한 상태로 있을 수 있다는 것. 더 가지거나 덜 가지는 게 중요한 게 아니라, 바로 그 평안이 곧 행복이라는 걸 너무 늦게서야 깨달았다.

인생의 늪에서
빠져나오는 방법

인생의 늪은 주변에 잡아줄 사람이 없을 때 찾아온다. 외톨이로 지냈던 시절, 나는 오피스텔에 살았다. 가끔 창밖을 내려다보면, 마치 영화 '반지의 제왕'에 나오는 거대한 탑에 갇혀 있는 듯한 느낌이 들었다. 그런데 어떤 선배는 혼자 사는 게 좋은 거라고 했다. "야, 혼자서 세련되게 하고 싶은 것 다 하고 살면 되지. 뭐 하러 결혼을 해. 지금 그 생활이 얼마나 좋은데."

외로움에는 세련된 느낌이 없다. 그건 절실하게 외로워본 사람들이라면 안다. 아무리 비싼 와인을 따서 야경을 보면서 마셔도, 한두 잔 마시다 보면 취해서 그 맛이 그 맛이었다. 다음 날이 되면, 머리가 깨질 듯이 아팠고, 빈 병을 보면서 '저 와인 참 맛있었지'가 아니라 '이러려고 그 돈을 주고 샀나'라는 생각이 들었다.

사람마다 외로움을 정의하는 기준은 다르다. 어떤 사람은 혼자 있을 때 외로움을 느끼지 않는다고도 하고, 어떤 사람은 같이 있어도 외로우니 혼자 외로운 거나 가족이 있는 거나 그게 그거라는 사람도 있다. 나는 조용한 공간을 좋아하지만, 혼자서는 살 수 없는 사람이다. 혼자 살던 시절의 나는 밥도 아무렇게나 먹고, 마음의 빈 구석을 채우려 괜히 필요 없는 물건들을 샀다.

그때 지금의 남편이 나타났다. 우리는 회사 동료였다. 그는 아나운서였고, 나는 기자였다. 나는 선거 방송을 하고 있었는데, 새벽 5시가 넘을 때까지 개표가 끝나지 않아 방송도 길어졌다. 그가 맡고 있던 아침 뉴스도 자연히 예정돼 있던 시간보다 뒤로 밀리고 있었다. 선거 방송이 끝날 기미를 보이지 않자 그가 잠시 스튜디오에 들렀다.

"언제 끝날까?"

"글쎄다…. 간식 좀 먹을래?"

잠시 정적이 흘렀다. 그는 내가 건네준 샌드위치를 하나 받아 들었다. 우리는 그 날 이후 시답잖은 농담을 종종 주고받았다. 재미있는 일이 생기면 서로에게 연락했다. 나의 오피스텔이 덜 차갑게 느껴진 것도 그때부터였다.

그가 살던 빌라는 내가 있던 오피스텔에 비하면 대충 꾸민 것 같았다. 나는 작은 공간이라도 가구가 좋으면 아늑할 것 같아서 커다랗고 푹신한 리클라이너 소파를 들여놓고 있었다. 반면 그의 집에는 10만 원짜리 1.5인용 소파가 있었다. 그 집에 놀러 가면, 항상 그 소파를 등받이로 받치고 통닭을 시켜 먹었다.

"근데 이 소파 너무 불편하지 않아?"

"아, 이거?"

"어. 너 여기에 앉아 있을 수 있어?"

"너 몰라서 그래. 이 공간에 맞는 크기의 소파가 많이 없어. 이게 딱 맞는 거야."

"그래?"

"그래."

너무 당당하게 소파가 괜찮다는 그에게 더 이상 할 말이 없었다. 그 집에 있는 시간이 늘어나면서 우리는 한쪽 집을 정리하기로 했다. 내가 그의 빌라에 들어가서 살게 된 날, 고민 끝에 내가 갖고 있던 리클라이너 소파는

중고로 싼 값에 팔았다. 그의 말이 맞았다. 그가 갖고 있
던 것만큼 그 공간에 딱 맞은 소파는 없었다.

그 집에서 반 년을 살았다. 가끔 하수구도 막히고, 방
바닥에서 작은 상을 펴고 밥을 먹어야 했지만, 내가 살던
오피스텔보다 훨씬 따뜻하고 아늑해서 좋았다.

그 집에 있으면 악몽을 꾸지 않았다. 저녁이면 반겨주
는 사람이 있어서 좋았고, 따뜻한 방바닥의 온기 위에서
뜯던 통닭 맛은 최고였다. 내가 느꼈던 집의 온기는 그의
온기였을 수도 있다. 우리가 만들었던 추억이 신나고 재
미있어서.

자유로움은 행복의
필요충분조건이 아닐까

다낭에서 늦게 일어난 날, 시계는 12시를 가리켰다. 여
행지에서 나는 게으른 편이다. 쉬려고 여행을 떠난 거니
까 눈이 떠지는 대로 일어나야 뭔가 억울하지 않았다. 시
간을 정해놓지 않고 늦잠을 잘 만큼 자다가 느지막이 일
어나 근처 카페에 가면 그렇게 기분이 좋았다.

이른 점심에는 사람들이 식당에 가 있어서 카페가 한가로운데, 그 시간 동안 빵과 커피를 마시면 그 카페가 오롯이 나만의 공간인 것처럼 느껴지기도 했다.

이날도 근처 카페를 찾았다. 가게에 들어서니 예쁜 강아지 한 마리가 무섭게 짖었다. 부모님 댁에 있는 우리 강아지가 떠올랐다. 쟤도 우리 집 강아지처럼 겁이 많구나. 그때였다. 젊은 여성이 밥을 먹다가 급하게 뛰어나왔고 괜히 미안한 마음이 들었다.

"어서오세요."

"앗, 점심 드시고 계셨어요?"

"네, 괜찮아요! 주문하셔도 돼요."

"저… 블랙커피랑 크루아상 주세요. 그런데 지금 말고요. 식사 다 하시고 주세요. 저도 할 일이 있어요."

"어머, 정말 감사해요."

나는 서둘러 가방에서 아이패드를 꺼내며 말했다. 주인은 감사하다는 말과 다르게 바로 커피를 만들었다. 밥먹는 건 흐름 끊기면 안 되는데, 정말 미안했다. 그 사이 강아지 두 마리가 내게 다가왔고 주인이 커피를 주며 말했다.

"크루아상은 5분에서 10분 정도만 기다리세요. 금방 해드릴게요."

"어머, 너무 귀여워요. 얘들 몇 살이에요?"

"그 아이는 여섯 살, 얘는 한 살이에요."

"너 아기였구나."

날 보고 무섭게 짖던 강아지가 한 살이었다. 여전히 경계를 풀지는 않았지만, 내가 궁금한지 옆의 친구와 같이 다가왔다. 여섯 살짜리 강아지는 살갑게 내 품에 안겼다. 한 살짜리 강아지도 내게 다가왔다. "무서움이 많네." 강아지 머리를 쓰다듬고 있는 사이 크루아상이 나왔다. 난 크루와상을 한 입 베어 먹었다. 부드럽고 맛있었다.

"직접 만드신 거예요?"

"아뇨, 친구가 만든 걸 사와서 구운 거예요."

"이 가게 주인이세요?"

"네, 사실 여기 저희 집이에요."

주인이 수줍게 웃으며 말했다. 그러고 보니 2층으로 올라가는 계단이 있었다. 나와 대화를 나누던 주인은 잠깐 내 테이블에 앉았다.

"아하, 몰랐어요. 2층이 집이군요. 집에 카페를 여신 거예요?"
"아, 그게 어떻게 된 거냐 하면요. 전 원래 사이공에서 일하던 직장인이었어요. 반복되는 일상이 지겨워서 그만뒀죠. 그래서 부모님이 계신 다낭으로 돌아왔어요. 원래 이 가게는 지금 보이는 공간의 반의 반 정도 크기였어요. 언니가 먼저 운영하고 있었는데 제가 합류했어요. 부모님이 갖고 계시던 작은 공간을 키워서 지금처럼 확장했죠."

직장 이야기를 듣자마자 무슨 얘기인지 알 것 같았다. 정확히 내가 느끼고 있던 감정이니까. 내게 가게의 예전 모습이 담긴 사진을 보여줬다. 찬찬히 살펴본 공간은 그녀의 애정이 가득 담겨 있었다. 빨간 천위에 놓인 LP플레

이어, 엔틱한 진열장, 그 안에 담긴 커피와 책…. 시간과 함께 하나씩 채워 넣은 것들이었다. 대화 주제는 직장 생활 애기로 옮겨갔다.

"좀 답답했어요."
"저도 직장인이라 무슨 말인지 알 것 같아요."
"옷을 마음대로 입을 수 없는 것도 힘들었어요. 저는 개성을 표현하는 게 좋거든요."

지금 그녀는 검은색 민소매에 긴 치마를 입고 있다. 꾸민 듯 안 꾸민 듯, 스타일리시한 차림이다. 그녀가 한 살짜리 강아지를 가리키며 말했다. "아참, 저 강아지는 사연이 있어요. 다른 주인에게서 파양당한 적이 있고, 오토바이에 치인 적도 있어요. 그래서 겁이 좀 많아요." 한 살인데 벌써 많은 일을 겪었구나. 안타까운 마음이 들었다.

그사이 강아지가 밖을 뛰어나가며 또 짖었고 주인은 제지했다. 짖기만 할 뿐, 물지는 않는 강아지였다. 주인이 좋은지 자리를 옮길 때마다 졸졸 따라다녔다. 누군가 찾아왔다. "잠시만요." 그녀가 우편물을 받으러 나갔다.

다낭 'Bơ Gơ Coffee'의 진열장. 물건들은 다른 색에 분위기도 조금씩 다르다. 개성 있는 물건들이 한 데 놓여 잘 어울린다. 자유로움을 추구하지만 또 세상과 조화롭게 살아가는 주인을 그대로 옮겨놓은 듯한 공간이었다.

강아지도 따라갔다. 둘 다 행복해 보였다.

삶의 고삐를
자기 손으로 잡는 사람

나는 늘 미래를 살았다. 중학교 때는 빨리 대학생이 됐으면 했고, 대학생 때는 빨리 졸업해서 취업하고 싶다는 생각을 했다. 취업하고 난 뒤에는 얼른 자리잡고 싶다는 생각을 했다. 통장에 쌓여가는 돈의 속도가 내 삶의 시간보다 훨씬 느릴 때, 현실과 꿈의 간극이 느껴지는 순간, 가끔 이런 생각이 들었다. '내가 쫓고 있던 게 돈이었을까?'

그럴 땐 한 발자국 떨어져서 바라보는 게 필요하다. 하루하루 성실하게 쌓아 올렸던 지난 시간들. 그 속에는 내가 되고 싶었던 어떤 모습이 있었다. 나는 주체적인 사람으로 살고 싶었다.

"네 운명을 남에게 기대지 마라. 남이 네 운명을 결정하게 두지 말고, 주체적으로 살아. 그래야 행복해."

아빠가 항상 내게 하셨던 말씀이다. 어렸을 때는 그 말의 의미가 무엇인지 몰랐다. '당연히 내 운명을 내가 결정해야지.' 하지만 나의 운명을 내 손으로 결정할 수 있는 사람이 된다는 건 참 어려운 일이었다. 성실하게 차곡차곡 학력이나 경력을 쌓아야만 취업을 해 돈을 벌 수 있었다. 나의 생활비를 스스로 마련하는 일, 20대 후반까지는 그게 내가 생각하는 내 운명을 남에게 기대지 않는 가장 중요한 조건이었다.

그런데 직장에 들어가면서 깨닫게 된 조건이 하나 더 있었다. 회사에는 다양한 동료들이 있었다. 어떤 사람들은 일을 미루면서 월급만 받으면 된다고 말했다. 열심히 해봤자 아무도 알아주지 않는다는 이유였다. 얼핏 들으면, 그것도 맞는 말 같았다.

어떤 사람들은 상사에게 인정받기 위해 밤낮 없이 일했다. 대신 후배들에게도 많은 일을 주면서 자신이 스스로의 삶을 희생했던 것처럼 후배들도 비슷하게 살기를 원했다. 평범하게 회사를 다니고 싶어하는 사람도 있었다. 그 사람은 해야 하는 일만 처리하고 더 이상의 일은 할 수 있어도 하지 않았다.

수많은 사람들 가운데 나는 어떤 사람이 돼야 하는지 고민했다. 내가 어떻게 일하든 월급은 똑같았다. 일을 대하는 태도를 결정하는 건 내 몫이었다. 나는 왔다 갔다 했다. 육체적으로 지치는 날은 '그래, 월급만 받으면 되지'라고 생각했고, 어떤 날은 보람 있는 기사를 써서 기분이 좋았다. 또 어떤 날은 상사에게 들었던 좋은 평가를 망치기 싫어서, 그 사람을 실망시키지 않기 위해 열심히 일했다.

그런데 내 눈에 한 선배가 보였다. 조용하고 묵묵하게 일을 잘 처리하는 선배였다. 상사가 일을 많이 줘도 불편한 내색을 보인 적이 없었다. 후배들에게 상사 욕을 하거나, 반대로 상사에게 후배 욕을 하지도 않았다. 처음에 나는 그 선배가 속을 잘 보이지 않는 사람이어서 그런 게 아닐까하고 생각했다.

그 선배가 어떤 일이 주어져도 불만 없이 해내다 보니 다른 사람들이 귀찮아하는 일이 그 선배에게 조금씩 몰리기 시작했다. 비슷한 연차의 다른 선배와 비교해보니,

선배가 하고 있던 일의 양이 더 많았다. 자신보다 어린 연차의 후배들만큼 현장에 나가는 일이 잦았다. 어떤 조직이든 일을 잘하는 사람들이 일을 많이 한다지만, 내 눈에는 불공평해 보였다.

특히 인사이동이 있는 계절에는 그 불공평함이 너무나 분명하게 보였다. 그 선배만큼 열심히 일하지도 않으면서 목소리는 큰 사람들이 오히려 원하는 자리에 가는 경우가 있었다. 이런 현상을 볼 때마다 인사가 이렇게 진행되는 게 맞는 건지 의구심이 들었다.

내 경험상 주어진 일을 묵묵하게 처리하는 사람들은 대체로 자기 목소리도 크게 내지 않는다. 그 선배도 평소에 자신의 의견을 잘 내세우지 않았고, 사내 정치에도 관심이 없었다. 그 선배가 열심히 일했기 때문에, 같이 일하고 싶어 하는 상사는 많았다. 그러나 그 상사들이 같이 일하자고 불렀던 부서가 모두 괜찮은 자리는 아니었다. 때로는 일이 많은 부서이거나, 남들이 같이 일하기 버거워하는 상사가 있는 곳일 때도 있었다.

오랜 시간 그 선배를 지켜보면서 나는 그녀를 점점 존

경하게 됐다. 속을 잘 보이지 않는 것 같았지만, 후배가 힘들어 보이면 간식을 하나 툭 던져주고 가는 다정한 사람이었다. 언젠가 내가 그 선배에게 물어봤다. 일을 많이 해서 지치지는 않냐고. 그랬더니 그 선배가 살며시 웃으며 말했다. "아니야. 나는 일을 좋아해."

기자들은 늘 발제에 대한 부담감을 갖고 있다. 항상 새로운 기사 거리를 찾는 건 기자라는 사람들의 숙명이다. 나 또한 그 부담감이 늘 어깨를 짓눌렀다. 그러나 그 선배가 바라보는 시선은 달랐다. 선배는 발제하는 것이 재미있다고 했다. 누가 시켜서 하는 일이라고 느껴지지 않는다고 했다. "그냥 발제가 재밌어. 나는 아무래도 사무실에 앉아 있는 타입은 아닌 것 같아. 현장에 가는 게 더 나아."

선배의 오랜 습관이 있다. 그녀는 출근하기 전에 항상 회사 주변 카페에 들러서 드립 커피 한 잔을 시켰다. 남들처럼 잠을 깨려고 테이크아웃 해서 들고 가는 커피가 아니었다. 그녀는 그 커피를 카페에 앉아서 마셨다. 선배만의 루틴이었는데, 출근 시간보다 몇 분 일찍 회사에 나와 조용한 카페에서 한 잔 마시는 커피가 제일 맛있다고 했다.

생각해보면 그 선배는 다른 사람들이 어떻게 사는지 크게 관심이 없었다. 오로지 자신의 삶에만 열중하는 사람이었다. 내 눈에 그 선배야말로 자신의 운명을 스스로 결정하는 사람처럼 보였다. 수많은 기자들이 존재하지만, 그들 모두가 자신의 일에 자부심을 느끼며 주체적으로 살고 있는 것은 아니다. 내가 본 기자들만 해도 다수가 마음속에 한가득 불만을 품고 있었다. 인사 이동에 대한 불만, 자신을 인정해주지 않는 상사에 대한 불만, 후배에 대한 불만, 처우에 대한 불만.

나는 그 선배로부터 인생을 대하는 태도를 많이 배웠다. 결혼 소식을 알릴 때는 내게 커피 한 잔을 사주면서 청첩장과 함께 립스틱을 건넸다. 나에게 잘 어울릴 것 같은 색이라서 샀다며. 그녀는 일을 대할 때만큼이나 자기 주변 사람을 챙기는 데에도 진심이었다. 마음의 여유가 있는 사람에게서 풍기는 향기는 어떤 향수보다 매력적이었다.

나는 명품백보다 천 가방이
잘 어울리는 사람이었다

옷을 살 때 가장 중요하게 생각하는 부분이 있다. 무언가 묻어서 지워지지 않을 때, 과감하게 버릴 수 있는지. 그것부터 생각하면 불필요한 쇼핑 목록이 추려진다. 가격이 비싼 명품은 피하게 되고, 관리가 힘든 재질의 옷도 피하게 된다.

그래서 내 옷장에는 셔츠가 많다. 언제든 세탁기에 돌려서 빨면 되고, 안 지워져서 도저히 못 입을 정도가 되면 버리면 되니까.

처음부터 그런 물건들을 샀어야 했다. 하지만 직장 생활을 처음 시작했을 때의 나는 스스로를 잘 몰랐다. "비싼 것 하나를 사서 오래 입으면 돼." 누군가 이 말을 하는 것을 듣고 난 뒤에 나는 관리하지도 못할 거면서 덜컥 비싼 옷을 샀다.

내가 어떤 옷을 입어야 잘 어울리는지, 움직임이 편할지 생각하지도 않은 채, 유행하는 옷들을 따라서 사 입었다. 그렇게 사서 모은 옷들은 쉽게 버리지도 못했지만,

자주 입지도 못했다. 비싼 것 하나를 사서 오래 입은 게
아니라 오래 옷장에 뒀다.

　시간이 지나면서 나는 나 스스로를 더 잘 알게 됐다.
나는 남들보다 보폭이 크고, 대화를 할 때에도 손동작이
큰 사람이다. 레이스가 달린 옷보다 선이 시원하게 뻗어
있는 셔츠가 잘 어울린다. 움직임이 많은 내가 활동하기
에도 편하다. 나의 고유한 스타일을 찾은 건 30대 초반에
접어들면서부터였다.
　스스로를 알게 되면서 가방도 천 가방으로 바꿔 매기
시작했다. 성격상 귀찮은 걸 싫어해 갤럭시 휴대전화를
쓸 때는 삼성페이에 의지해 아무것도 안 들고 다니기도
했다. 지금은 아이폰으로 바꾸면서 카드 지갑과 립스틱
만 파우치에 넣어서 들고 다닌다. 그것도 필요 없을 때는
그냥 폰만 덜렁 들고 외출할 때가 있다. 여행할 때는 보
조배터리와 여권 같은 걸 넣어 다닐 가방이 필요하니까
천 가방을 쓴다. 가벼우면서도 무언가 묻었을 때 스윽 닦
아내면 되니까.

얼마 전, 외장하드를 정리하다가 20대 중반의 내 사진을 보게 됐다. 30대 중반인 지금보다 훨씬 더 비싼 옷과 가방을 두르고 있었다. "품"하고 웃음이 나왔다. 너무 촌스럽고 어색해서. 왜 그때의 나는 스스로를 더 알려고 하지 않았을까. 내 원래의 모습만 알았어도 남들에게 휘둘리지 않고 중심을 잡을 수 있었는데.

지금은 좀 세련된 버전으로 바뀌긴 했지만, 사실 내가 생각하는 가장 나다운 모습은 대학시절 빨간 패딩 차림이다. 그때의 나는 친구들이 촌스러운 내 패션을 보고 놀려도 같이 장난을 치며 웃을 줄 알았다.

사물함에 힐을 넣어뒀다가 하교 시간에 꺼내서 갈아 신고 거리로 나가는 친구들을 보면 감탄했다. 나는 플랫 슈즈도 물집이 잡혀서 못 신는데, 높은 신발을 자유롭게 신고 다니는 모습이 멋있었다. 그러나 그 모습을 부러워하지는 않았다. 그냥 너는 너고, 나는 나였다.

10년의 헤매임 끝에 나는 내 모습으로 돌아왔다. 가방 선반에는 4개의 꼬질꼬질한 천 가방이 있다. 가장 요긴하게 쓰이는 나의 소장품들.

우리는 모두 태어나는 순간
하나의 선물을 받습니다

누구에게나 잘하는 것이 한 가지씩 있다. 나는 글쓰기에 자신이 있다. 특출나게 뛰어난 건 아니지만, 글 쓰는 일을 즐거워하고, 결과물을 남에게 보여주는 것도 좋아한다. 아마도 어린 시절부터 글을 계속 쓰며 그 자신감이 쌓여왔던 것 같다.

초등학생 시절, 나는 한 자리에 오래 앉아 있는 것을 힘들어했다. 좋아하는 과목은 국어와 영어, 싫어하는 과목은 수학이었다. 그래서 과목별로 집중력도 달랐다. 싫어하는 과목은 숙제도 하지 않았다.

하지만 좋아하는 분야에는 집념이 있었다. 초등학생 때 나의 성적은 학급에서 중간을 맴돌았지만, 글짓기 대회가 열리면 최우수상이든 그보다 작은 상이든 꼭 하나씩은 받았다. 하얀 원고지가 주어지고, 지금부터 글을 쓰라는 선생님의 말씀이 떨어지면 나의 눈에서는 불이 났다. 다른 친구들보다 잘 쓰고 싶었고, 스스로가 보기에도 만족스러운 글을 써내고 싶었다.

그것은 내가 받은 선물이었다. 태어났을 때부터 내 손에는 글로 나의 마음을 잘 표현하는 재능이 쥐어져 있었다. 누구에게나 자신이 잘할 수 있는 분야가 있다. 단지 그 재능을 알게 될 때까지 시간이 걸리는 것일 뿐인데, 그 시간은 사람마다 다르다. 나처럼 초등학교 때부터 알게 될 수도, 누군가는 대학교를 졸업하고 나서 알게 될 수도 있다.

힘들 때, 엄마가 내 볼을 두 손으로 쓰다듬어줬던 기억이 있다. 아주 어린 시절이었지만 그때만 떠올리면 지금도 엄마의 두 손이 올려져 있는 것처럼 온기가 느껴지는 것 같다. 손에 온기가 있듯 재능을 쥔 손에도 온기가 있다.

어린 시절, 나는 누군가가 써놓은 글로 외로움을 달랬다. 프랑스 파리에서 아빠가 주재원으로 근무하실 때, 나는 늘 엄마에게 물어봤다.

"엄마, 우리는 언제 한국에 돌아가?"
"300밤만 자면 돼."

"그럼 오늘부터 300밤이야?"

다음 날, 엄마에게 말했다. "엄마, 이제 299밤 남았어."
내가 센 밤의 개수는 280개쯤에서 늘 그치곤 했다. 그 밑
으로 내려가면 숫자 세는 일을 까먹었다. 잊고 지내다가
학교에서 외롭고 심심할 때 엄마에게 다시 돌아와서 물
었다.

"엄마, 우리 어디까지 셌지?"
"모르겠네."
"그럼 다시 300밤 하자."

프랑스어를 또래만큼 능숙하게 할 줄 몰랐던 6살 꼬마
인 나는 친구들과 잘 어울리지 못했다. 프랑스인 친구들
이 멀리서 줄넘기를 하며 놀고 있으면 내가 가서 물었다.
"나도 같이 놀아도 돼?" 그럼 내가 질문했던 아이가 대답
했다. "쟤한테 가서 물어봐." 그 아이가 가리킨 아이에게
가서 물으면 똑같은 대답이 돌아왔다. "나는 잘 몰라. 쟤
한테 물어봐."

그렇게 6명, 7명의 아이들에게 다 묻고 나면 더 이상 물을 아이가 없었다. 나는 담벼락 밑에 점퍼를 깔고 앉아 아이들이 노는 걸 혼자서 지켜보곤 했다. 나중에 들은 얘기지만, 엄마는 아파트에서 내려다보이는 유치원 놀이터를 보고, 내가 혼자 있는 모습을 보며 우셨다고 했다. 나는 외동딸이어서 함께 어울릴 동생이나 언니, 오빠가 없었다. 다른 한국인 친구들이 형제자매와 어울리는 걸 보면, 동생을 낳아주지 못했던 게 너무나 미안했다고 하셨다.

그렇게 3년을 파리에서 보내고 한국에 돌아온 나는 또다시 새로운 아이들과 새로운 환경에서 적응해야 했다. 프랑스에서 겪었던 일들은 아이들과 나를 연결해주기도 했지만, 어색하게 만들기도 했다. 프랑스에 있었던 일을 이야기할 때면 아이들은 흥미롭게 내 곁에 다가와서 들었지만, 그 뒤로는 다시 떠나갔다.

나는 친구들과 어울리는 데에 서툴렀다. 옆에 있던 아이가 하는 행동을 그대로 따라하면 조금 나아질 것 같아서 그렇게도 해봤다가, 또 다르게도 해봤다가 하는 조금은 혼란스러운 시기를 겪었다.

그래서 집에 돌아오면 소설책을 읽었다. 그 안에서 친구를 찾았다. 그즈음에 〈해리 포터〉 소설 시리즈가 나왔다. 책을 읽다 보면, 내가 해리와 함께 호그와트를 다니는 것 같았고, 같이 짜릿한 모험을 떠나는 기분이 들었다. 그렇게 소설책은 내가 세상에 스며들 때까지의 시간을 채워줬다.

내가 읽었던 책의 저자들이 가진 재능은 내 볼을 만져준 엄마의 두 손처럼 따스했다. 그들의 글이 있었기에 나는 어린 시절의 혼란스러움을 이겨낼 수 있었고, 학교에 적응할 때까지 꽤 괜찮은 혼자만의 시간을 가질 수 있었다.

글을 벗 삼아 자란 나는 당연히 작가의 꿈도 꿔봤다. 그러나 그건 너무 막연했다. 작가가 되는 길도 잘 모르겠고, 막상 된다고 해도 글로 돈을 벌 자신이 없어서 일찌감치 접었다. 보다 현실적이라고 생각한 게 취업이었는데, 어쩌다 보니 직업 중에서도 글을 쓰는 기자를 골랐다. 기자의 글쓰기는 작가의 글쓰기와 좀 많이 다르지만,

어쨌든 글이라는 한 가지는 닮아 있어서 좋았다.

기자라는 직업 덕분에 나의 재능은 싹이라도 틔울 수 있었다. 운이 좋았다. 하고 싶다고 모두가 할 수 있는 직업은 아닌데, 나를 뽑아준 어느 면접관 덕분에 내가 그 자리에 있을 수 있었을 테니까.

반대로 돈을 벌 수 없는 재능을 가진 사람이 어딘가에는 있을 것이다. 현대에 존재하는 크리에이터라는 직업은 20년 전까지만 해도 없었고, 조선시대에 피겨선수란 존재하지 않았을 테니 말이다.

재능으로 돈을 만드는 건 쉽지 않다. 하지만 사람을 따뜻하게 만들 수는 있다. 위대한 소설가들이 모두 돈을 잘 벌었던 건 아니지만, 오랜 시간 뒤에 나 같은 사람에게 다정한 벗이 돼준 것처럼. 그들의 풍요로운 상상력이 없었다면, 나의 어린 시절은 무미건조했을 것이다. 신이 각자의 손에 '재능'이라는 선물을 쥐어준 것도 같은 이유가 아니었을까. 부족하고 아픈 사람끼리 서로 안아주라고.

말 한마디에
재능은 싹을 티운다

중고등학교 시절, 나는 공부를 특출나게 잘하는 편은 아니었다. 그래서 열심히 해도 원하는 만큼 잘 해내지 못하는 자신에게 불만이 있었다. 선생님의 말씀을 곧잘 이해하고, 모든 과목에서 성적을 잘 받는 친구들이 내심 부러웠다.

남들이 잘하는 것에만 초점을 맞추던 내가 스스로를 돌아보게 된 건 대학시절 만났던 한 교수님 덕분이었다. 1학년 때 참여한 프레젠테이션 강의는 교양 과목이었다. 20명 남짓한 학생들 중에 세 손가락 안에 꼽히는 학생들이 A+를 받을 수 있었다. 학생들은 1학년부터 4학년까지 다양하게 섞여 있었고, 그중에는 유학 경험이 있어서 영어에 유창한 학생들도 있었다. 프레젠테이션은 영어로 진행해야 했다. 불안했다.

'내가 잘 해낼 수 있을까.' 성적은 총 세 번의 프레젠테이션 발표로 매겨졌다. 그때 내 마음속에는 이상한 경쟁심이 발동했다. 교양수업이었지만, 내게는 전공수업보다 이 수업이 더 중요했다. 어린 시절부터 나는 발표하는 걸 좋아했다. 글을 쓰고, 나의 논리를 발표해 청중들의 눈을 떼지 못하게 만드는 것. 그것만큼은 남들보다 좀 잘해보고 싶었다.

그래서 그 수업 발표를 위해 전공 시험 때도 새지 않았던 밤을 샜다. 새벽까지 연습하느라 눈 밑에 다크서클이 진해진 채 등교했어도 정신은 하나도 몽롱하지 않았다. 내게 주어진 몇 분 동안 준비한 걸 학생들 앞에서 말할 생각에 설렜다. 아마 내 뇌에서는 도파민이 마구마구 분비되고 있었을 것이다.

결국 그 과목은 A+를 받았다. 학기가 끝날 무렵, 마지막 수업을 마치고 복도를 걷고 있었다. 뒤에서 누가 다급히 뛰어오는 소리가 들렸다. 그 강의를 맡았던 외국인 교수님이었다. "학생! 잠깐만요." 나는 뒤를 돌아봤다. "이 말을 꼭 해주고 싶었어요. 내 생각에는 학생에게 발표와 관련된 어떤 재능이 있는 것 같아요. 특별한 뭔가가 있어요. 꼭 사용했으면 좋겠어요." 교수님은 이 말을 남기고 가던 길을 갔다.

교수님과 헤어지고 혼자 걸어가는데, 마음 한편에서 설명할 수 없는 감정이 차올랐다. 고등학교의 기억이 강박증으로 얼룩져 있던 나였다. 사람들이 자주 씻는 내 모습을 알면 나를 피하게 될까 봐 두려웠고, 내 두려움만큼 나는 작아져 있었다. 교수님은 알았을까. 그의 한마디가 나의 미래를 바꿨다는 것을. 그날 이후 나는 몇 년 만에 처음으로 내 미래를 긍정적으로 바라보기 시작했다.

'특별한 재능이라.' 집으로 돌아가던 길에 아빠에게 들떠서 전화했던 기억이 난다. "아빠, 프레젠테이션 수업에서 교수님이 나에게 이런 말을 해주셨어요." 그 교수님의 이름과 전화번호를 간직하지 못했던 게 후회로 남는다.

십수 년이 지난 지금, 그 분의 말 한마디가 내 인생에 줬던 용기를, 그리고 그 용기가 낳은 내 모습을 알고 계실까. 인생의 어느 순간 우연히 마주치게 된다면 꼭 말씀 드리고 싶다. 당신이 했던 한마디가 얼마나 큰 힘이 돼줬는지를.

플라스틱 의자 위에서 발견한
어린 시절의 함박웃음

　나이가 들면서 하게 되는 자연스러운 착각이 있었다. 내가 주는 선물의 크기가 내 마음의 크기를 보여줄 거라는 착각. 좋아하는 친구일수록 비싼 선물을 보내고, 감사한 마음이 클수록 더 지갑을 열었다. 그 안에는 괜찮은 선물을 주고 싶은 마음이 컸지만, 사실은 상대방에게 내 마음의 크기가 이만큼 크다는 것을 알아달라는 표시이기도 했다. 하지만 그건 때 묻은 어른이 된 나의 착각이었다.

　다낭에서 만난 친구들에게 식사를 대접할 때에도 근사한 레스토랑에 데려가려고 했다. 아무 대가 없이 행복한 여행을 선사해준 친구들에게 꼭 보답을 하고 싶었다. 그러나 그 친구들이 나와 만나자고 한 곳은 플라스틱 의자가 있는 야외 식당이었다.

　"아영아! 여기야." 그들이 해변에서 만들어준 추억에 대한 보답으로 내가 밥을 사기로 한 날이었다. 가고 싶은 식당을 고르라고 했더니 탄이 이곳을 골랐다. 그녀가 멀리서 나를 향해 밝게 웃으며 손을 흔들었다. "레스토랑으로 가지 그랬어. 더 비싼 걸 사주고 싶었는데." 장이 웃으며 말했다. "우리에겐 이게 최고의 음식이야."

가게 앞 유리 진열장 안에는 커다란 생고기가 걸려 있었다. 나무로 만든 테이블 위에는 삶은 소고기와 고수, 허브, 오이, 상추가 섞인 야채 바구니가 올려져 있었다. "일단 이 소스 찍어 먹어봐." 탄이 분홍색 소스를 가리켰다. 젓가락 끝으로 한 방울 찍어 먹어봤더니 젓갈 맛이 났다.

"맛있어?" 탄이 물었다. "응! 괜찮은데?" 장이 라이스페이퍼를 집었다. "자, 봐봐. 일단 이렇게 야채를 한 겹씩 올리는 거야." 장이 내 앞으로 고추를 썰어 넣은 소스를 옮겨줬다. "조금 매운 소스인데, 같이 넣어봐."

내가 엉성하게 싼 쌈을 입에 욱여넣었다. 한국에서 먹었던 베트남 음식과 느낌이 달랐다. 라이스페이퍼의 질감이 달라서, 쌈을 싸는 게 영 익숙지 않았다. 입 안에서 모든 재료가 한꺼번에 흩어졌다. 보다 못한 장이 나섰다.

"내가 한 번 싸줘도 될까? 쌈 전문가거든." 그는 야채를 척척 쌓아 올리더니, 야무지게 오므려서 돌돌 말아 건넸다. 한 입 먹어봤더니, 훨씬 맛있었다. 내가 말했다. "분명히 같은 재료를 넣었는데 맛이 왜 달라?" 장이 뿌듯해하며 씨익 웃었다. 이번에는 탄이 깻잎처럼 생긴 야채 한 장을 내 라이스페이퍼에 얹었다. "자, 이렇게도 먹어봐. 후추 두 알이랑 같이. 그렇게 먹으면 맛이 또 달라."

은은한 팥죽 향이 나는 검은 콩 수프도 나왔다. 푹 익은 돼지고기가 입 안에서 야들야들하게 씹혔다. 밤바람이 솔솔 불어오기 시작하던 때, 우리는 소박한 멋의 풍성한 식사를 즐겼다.

배가 조금씩 불러올 무렵, 탄이 갑자기 가방에서 뭔가를 꺼냈다. "자, 너를 위한 선물이야." 그녀가 가져온 건 찻잎이었다. 지난번에 내가 부다티를 좋아했던 것을 기억해뒀다가 이번에는 다른 종류의 차를 마셔보라고 가져온 것이다. 종이 팩에 소분한 찻잎을 선물용 비닐 백에 곱게 담아왔다. "이건 백차야. 한 번 마셔봐. 차를 우리는 방법은 이따가 알려줄게."

나는 왜 이들과 쌓은 추억을 사소한 것까지도 기억하고 있는 것일까. 단순히 고마웠던 기억을 넘어, 나에게 잃어버린 것을 되찾게 해준 경험이기 때문이다. 순수한 관계가 주는 즐거움. 소박한 식사의 풍성함. 세심한 선물에 담긴 온기. 오랜 세월 잊고 있던 것들이다. 그 모든 것들이 주는 신선함이 나에게는 베트남의 밤공기로 기억됐다. 초여름이 오고, 그 날씨와 비슷한 계절이 되면 나는 또 한 번 그들과 쌓았던 추억을 떠올릴 것 같다.

어린 시절에는 작은 것만 봐도 행복하게 웃을 수 있었는데, 어른이 될수록 좀처럼 웃지를 않게 됐다. 차갑고 계산적인 세상이 싫다고 하면서 사실은 나도 그 속에서 점점 물들어가고 있었던 것 같다. 원래의 나는 작은 것에도 웃고 만족할 수 있는 사람이었는데.

지금까지
김아영 기자였습니다

퇴사라는 게 이렇게 힘든 건지 몰랐다. 나에게 월급을

주던 직장과 이별하는 일이라고만 생각했다. 그러나 나는 기자였고, 나도 모르는 사이에 그 일을 아주 많이 사랑하고 있었다. 아주 오랜 시간 울고 웃었던 연인과 이별하는 것과 비슷한 감정일지도 모르겠다. 서로 어긋나고, 더 이상 데이트가 행복하지 않다는 것을 알면서도 그동안 쌓인 두터운 정 때문에 도저히 끊지 못하는 관계. 그 끝에서 '툭' 끊어버리면 계속 미련이 남고, 현실이 아닌 것만 같고, 자꾸 뒤돌아보게 된다.

"퇴사하겠습니다." 이 한마디를 던진 뒤 백 번 정도 고민했다. '다시 돌아간다고 말할까.' 내게 아쉽다고 말하는 사람들의 목소리가 전화 너머로 들려올 때마다 손톱 끝을 뜯었다. 한 선배에게 말했다. "번아웃이 온 지 오래됐어요." 그 선배가 말했다. "차라리 휴직을 해. 네가 어떻게 버티며 올라온 자리인데."

순간 기자로 살았던 7년 반의 시간이 주마등처럼 스쳐 지나갔다. 그중 MBC에 있었던 5년의 시간은 내 평생에 가장 치열하고, 불꽃같은 순간이었다.

아영아, 정말 잘했어. 오늘 기사 너무 좋더라.

뉴스데스크가 끝난 시간, 선배가 문자 메시지를 한 통 보냈다. 미소를 지으며 휴대전화 화면을 껐다가도 자기 전에 다시 한 번 더 켜서 읽었다. 그 한마디에 낮 시간의 모든 고통들이 사라지는 듯한 느낌이 들었다. 기자가 아니라면 이 느낌을 잘 모를 수도 있다. 선배이기 전에 기사를 함께 갈고 닦아 빛을 내던 동료가 해준 말이었다.

씻지도, 잠들지도 못할 때 우리의 전우애는 조금씩 자라났다. 사회부 기자 시절, 한때 나와 내 선배는 밤 10시에도 노트북과 전화기를 내려놓지 못했다. 타사에서 앞다퉈 쏟아내는 단독 기사들 때문이었다. 현장을 뒤지고, 30년 전의 기사를 찾고, 인터넷에 올라온 온갖 SNS 게시글을 뒤지며 추리에 추리를 거듭했던 시절이 있었다.

"선배 찾았어요."

"뭐? 찾았어?!"

훗날 선배는 그 순간 내가 던진 한마디가 메아리처럼

귓전을 맴돌았다고 했다. 머리를 감지도 못한 채 집에서 뛰쳐나와 현장을 들쑤시고 다니던 나날들이 이어졌다. 싫어하는 상사를 만나면 그 몇 개월이 지옥으로 기억됐을 것이지만, 나는 그때 같이 일했던 선배와 성격이 잘 맞았다.

둘 다 사회부를 떠난 뒤로는 서로 출입처가 달라 밥 한 번 먹기도 어려웠지만, 도통 연락을 하지 않던 선배가 내게 카톡을 보내는 날이 있었다. 두 경우 중에 하나였다. 뉴스데스크에 나온 내 기사가 인상 깊었거나, 뭔가 마음에 안 들었을 때.

    – 야, 손이 왜 저렇게 어색하니? 좀 잘 해봐.

    – 제가 선배보다 나을 걸요.

    – 참나.

    – 잘 지내시죠?

    – 그럼.

투박하지만, 그게 우리가 서로의 안부를 묻는 방식이었다. 길게 대화하지 않아도 많은 정다움이 담겨 있다. 퇴사한다는 말을 전하던 날, 선배는 사무실 복도에서 내 전화를 받았다. "왜", "무엇 때문에"라는 말을 반복하면서.

기자의 특권 중 하나는 나이가 없다는 것이다. 나보다 스무 살, 서른 살 많은 정치인도, 학자도, 전문가도 내 앞에서는 단 한 명의 취재원에 불과하다. 그래서일까. 나는 열 살, 스무 살도 더 많은 선배들과도 쉽게 친해졌고, 쉽게 끊어낼 수 없을 정도로 정이 들었다. 팀워크가 없으면 기사는 끝이다.

경제부에 있을 때, 우리 팀에는 총 세 명이 있었다. 선배와 나, 그리고 후배. 우리 셋이 쓸어온 단서들을 차곡차곡 바구니에 담아 제출하면 노련한 데스크는 그중 하나의 단서를 건져 세 곳을 조준했다. 우리는 각자 한 문장씩 받아 들고 책상으로 향했다. 낮 동안 건져온 취재 영상들을 일일이 확인하며 단 한 문장의 기사를 열다섯 문장의 이야기로 엮어냈다. 날줄과 씨줄이 되어 우리 세 명이 쓴 세 개의 기사가 섬세하게 연결됐다.

그렇게 나온 기사들은 많은 관심으로 환하게 빛나는 때도, 외면 받는 때도 있었다. 하지만 우리는 개의치 않았다. 한 사람에게만 도움이 됐더라도 꼭 필요한 기사를 썼으면 됐다. 직장인을 뛰어넘은 사회에서 내 몫을 해냈다는 자부심이 있었다.

"짠하자, 짠!" 우리 셋은 종종 모여 희로애락을 나눴다. 나보다 7살쯤 많은 선배와 5살쯤 어린 후배. 그 선배와 후배는 12살쯤 차이 나려나. 난 사실 그들의 나이조차 확실히 모른다. 그런 건 하나도 필요 없다. 그쯤 내 가장 깊은 고민과 속상함을 털어놓을 수 있는 건 학창시절을 함께 보낸 친구들이 아닌 그들이었다.

밤 9시가 돼야 퇴근하는 일상이 당연했던 시절, 바쁘고 치열했던 삶이 때로는 나를 짓눌렀지만, 그 시절이 힘든 기억으로만 남아있지 않은 건 끈끈했던 우리의 연대 덕분이다.

"선배, 고마웠어요." 시간을 투자해 나를 가르치고, 이끌었던 나의 선배들에게 말했다. "언젠가 다시 만나자." 나를 좋아하고, 받아들여줬던 나의 후배들에게 말했다. 내가 이별을 고해야 했던 건 지긋지긋한 회사가 아니었다. 내가 동고동락했던 내 동료들이었음을, 퇴사하는 그 시점에야 깨달았다.

모두가 아쉽다며 전화기를 놓지 않을 때, "안녕"이라는 한 선배의 그 인사가, "함께 할 수 있어서 좋았어요"라는 한 후배의 그 인사가 걷잡을 수 없이 슬퍼졌다. 후배가 울고, 애써 꾹꾹 누르던 나도 울었다. 서로의 울타리가 돼주던 동료들과 다시는 끈끈한 전우애를 발휘할 수 없다는 것. 회사를 떠날 때, 그것이 주는 슬픔이 가장 컸다.

죽음, 우리를 슬프게도 살게도 하는 말

그럼에도 불구하고 지금의 나는 가장 행복한 시기를 걷고 있다. 그러나 종종 스스로에게 묻는다. '다시 불행해지면 어떡하지?'

어릴 때는 행복하면, 인생 끝까지 행복할 일만 있는 것처럼 행동했다. 앞으로의 선택만 똑바로 하면 내 인생에는 어떤 문제도 일어나지 않을 거라고 여겼다. 그런데 인생은 내 생각처럼 흘러가지 않았다. 가장 좋은 것일 줄 알았던 선택이 절대로 가지 말았어야 할 길이었던 적도 있었고, 평소와 똑같이 살고 있었는데 예상치 못한 불행이 찾아오기도 했다. 몇 번의 시련을 겪고 나니 이제는 행복한 순간이 찾아오면 덜컥 겁이 난다. 지금은 오르막길에 있지만 또 한 번 내리막길을 걷게 되면 어떡하지 하고.

하지만 그 경험들 때문에 방심하지 않고 제자리를 지키려 노력한다. 언제든 내가 가진 모든 것들이 사라질 수 있다고 생각하면, 지금 가진 것에 감사할 수 있는 마음의 공간이 생긴다.

현실의 문제로 힘들어하는 사람들에게 내 손을 잡아보라고 내밀 수 있는 용기도 조금씩 생겼다. 힘들었던 경험 때문에, 그때 내미는 한 사람의 손이 얼마나 큰 도움이 되는지 깨달았다. 언젠가 사람들의 손이 필요한 순간이 내게도 다시 찾아올 수도 있는데, 그때 누군가 손을 내밀어 주지 않으면 내가 일어설 수 없다는 것도 알고 있다.

우리가 살아가는 100년 남짓한 인생은 수많은 문제들을 품고 있다. 34년쯤 살다 보니 어제와 똑같은 길을 걷다가도 지나가던 돌부리에 걸려 넘어지는 게 인생임을 알게 됐다. 그 속에는 영원히 행복한 시절도, 영원히 불행한 시절도 없다.

100년을 아무 시련도 겪지 않고 평탄하게 사는 사람은 없다. 인류의 역사에서 볼 때, 100년은 아주 찰나의 순간이지만, 각자에게 주어진 시련들이 있기에 그 100년이 때로는 길고 지난한 세월처럼 느껴지는 것일지도 모르겠다.

그런 생각을 한 적이 있다. 우리는 태어나는 그 순간부터 퀘스트를 마주하고, 문제들을 풀어나가는 그 모든 여정들을 모으면 마침내 인생이 완성되어 마침표를 찍게 되는 것이 아닐까 하는. 부자든 가난한 자든 상관없이 그 모두가 깨야 할 자신만의 퀘스트를 부여받는 게 인간의 숙명처럼 보였다.

부쩍 죽음에 관심이 많아졌다. 그가 언제 찾아올지 모르기 때문이다. 100년이라는 시간을 온전히 다 살고 가는 사람도 있지만, 갑자기 떠나가는 사람도 많다. 그 사람이 내가 되지 않으리라는 보장은 없다. 자기가 죽는 시간을 아는 사람은 아무도 없기에, 죽음은 그 누구에게나 갑작스럽다.

하지만 그가 언제 찾아올지 모른다는 사실 하나만큼은 우리가 알고 있으니, 매일 마음의 준비를 하며 사는 게 우리가 할 수 있는 최선이다. 내일 죽을 사람처럼 오늘 기뻐하고, 매일 가족들에게 고맙다고 말하고, 하늘의 청명함과 바람의 싱그러움을 느끼면서 사는 게 내가 생각하는 죽음을 준비하는 삶이다. 비록 죽음을 잊고 사는 순간이 더 많지만, 불행해지려고 할 때마다 내일 죽을지도 모른다고 생각하면 삶의 암초들을 한발자국 떨어져서 바라볼 수 있게 된다.

죽음만큼 불행한 단어도 없지만, 죽음만큼 삶의 의지를 북돋아 주는 단어가 또 있을까. 내일 죽는다고 생각하면 오늘 모든 시간과 관계를 포기하며 죽도록 돈 버는 일에 매달리지는 않을 것이다. 적당한 성실함과 충분한 연대 속에서 믿음, 소망, 사랑을 잃지 않는다면 우리의 행복은 조금씩 자랄 수 있다고 나는 믿는다.

네
번째
걸음

나를 지켜준 것들을 찾아서

한국에서

나의 방패가 되어준 한 사람
아버지

비가 억수같이 쏟아지던 날, 차를 몰고 다른 지역에 취재하러 가고 있었다. 선배에게 전화가 걸려왔다.

"아영아, 비 많이 오는데 괜찮니?"
"네, 괜찮아요."
"그래, 운전 조심하고."

후에 그 한 통의 전화가 나를 괴롭히게 될 줄 몰랐다.

어느 날, 다시 연락이 왔다. 그런데 나는 선배가 무슨 얘기를 하는지 도통 이해가 안 됐다.

"너 발제문 보내라고 했잖아. 왜 아직 안 보냈어?"
"네…? 선배, 발제문이요?"
"그래, 발제문. 왜 안 보냈어?"
"무슨 발제문이요? 저 들은 기억이…."
"내가 말했잖아. 너 거기 취재하러 가던 날, 분명히 내가 전화로 말했어. 발제문 보내라고. 내가 그때 너한테 전화까지 해서 말했는데, 정말 기억 안 나니?"

선배의 말이 싸늘했다. 비 내리던 그 날을 떠올렸다. '혹시 정말 그랬나, 내가 잊고 있었던 건가.'

"아, 선배 그러셨군요. 제가 잊었나보네요."
"이제 너한테 말할 때는 기록으로 남겨둬야겠다."

기록. 그 기록은 이미 내 휴대전화에 남아 있었다. 갤럭시 폰의 통화 녹음 기록을 켰다. 다시 통화 내용을 들었다. 그런 내용은 없었다. 조금씩 화가 치밀었다. 당시의 나는 완성되지 않은 기자였지만, 최선을 다해 뛰고 있었다. 완벽하지는 않아도, 잘 다듬은 기사를 보내려고 했고, 부지런히 발로 뛰어 현장을 담아내려고 노력 중이었다. 어떤 선배들은 격려와 응원을 아끼지 않았다.

그러나 세상에는 부정적인 말을 하는 사람들이 더 시끄럽게 떠들기 마련이다. 좋은 말을 해주는 여러 명의 선배가 있었지만, 나를 비난하거나 책임을 전가하는 단 한 명의 선배의 말이 더 크게 들렸다.

그날 그 선배가 정말 진실을 알고 있으면서도 그렇게 말한 건지 혹은 착각하고 있었던 건지는 아직도 알 수 없다. 그러나 불편한 일들이 몇 번 쌓이자 그 선배 앞에 설 때마다 말을 어떻게 꺼내야 할지 고민이 됐다.

그 선배는 내 기사를 다듬어줘야 할 데스크였다. 데스크는 직접 취재를 한 당사자가 아니기 때문에 현장에서 직접 취재를 해온 후배와 서로 상의해서 기사를 고친다. 내가 쓴 엉성한 기사가 정갈하게 새로 태어나기도 하고, 필요하면 추가 취재 지시를 받아 내용이 더 풍성하게 바뀔 때도 있다. 그 모든 것을 가능하게 만드는 것이 소통의 끈이다.

그러나 나는 그 선배가 고친 기사만큼은 어떤 문장이 잘못 고쳐진 것 같다고 쉽사리 말하지 못했다. 어차피 내 이름을 걸고 나가게 될 기사였고, 내 목소리로 녹음해야 할 문장이었다. 내 취재 내용에 대해 내가 의견을 제시하는 것은 너무나 당연한 일이었지만, 그 당연한 일이 두려웠다.

선배가 고친 기사에 담긴 내용이 내가 취재했던 현장의 분위기와 다르게 느껴진다거나, 어떤 문장은 빼는 게 나을 것 같다는 말을 전할 때 나는 어떤 식으로 말을 전해야 그 사람의 심기를 거스르지 않을 수 있을지 고민했다. '화내시면 어쩌지….'

하지만 그 선배보다 무서운 건 잘못된 기사가 나가는 거였다. 한 번 방송되고 나면 주워 담을 수 없다. 모든 문장에 대한 책임은 나에게 있었기 때문에 조마조마한 마음을 누르고 그 선배에게 다가갔다. 마치 작은 인형의 그림자가 빛에 따라서 거인 같이 커지는 것처럼 그 당시 선배의 존재는 내게 거인 같았다. 그 선배 앞에 서면 심장이 쿵쾅쿵쾅 뛰면서, 카메라 앞에서도 엉키지 않던 말이 우왕좌왕 뒤엉켜서 나왔다.

뒤늦게 안 사실이지만, 그 선배가 못 견디는 것이 하나 있었다. 그 사람은 상사 앞에서 자신의 실수가 드러나는 것을 참을 수 없어했다. 그걸 알기까지 꽤 오랜 시간이 걸렸다.

내 기자 인생 전체를 통틀어 보면, 그 선배와 함께 일한 시간은 그리 길지 않았다. 그럼에도 그때는 왜 그리 길게 느껴졌는지. 아무도 없는 터널을 터벅터벅 혼자 걷는 기분이었다. 억울한 일은 몇 번 더 있었지만, 그냥 속으로 삼켰다. 다른 상사에게 억울함을 토로하자니 아무것도 해결된 게 없이 그 선배의 분노만 키우게 될 것 같아서. '직장에서 평생 봐야 할 사람이 될 수도 있는데….'

그 선배도 똑같이 나약한 한 인간일 뿐이라는 것을, 왜 그때는 몰랐을까. 시간이 흐르고 그 선배를 다시 보니, 보이지 않던 것이 보였다. 약한 부분을 들키고 싶지 않은 두려움이 그를 휘감고 있는 것 같았다. 우리는 똑같이 상처받은 사람들이었다.

때때로 인생은 시련을 허락해서 내게 꼭 필요한 교훈을 전하기도 한다. 그 선배를 만난 뒤 나는 자존심을 내려놓는 법을 배웠고, 하고 싶은 것만 하고 살 수는 없다는 잔인한 세상의 이치도 잘 알게 됐다. 작았던 나의 그릇도 조금은 커졌다. 후배와 소통할 때 좀 더 편하게 다가가려고 노력하게 됐고, 까다로운 선배들을 만나면 내 고집을 내려놓고 조금이라도 맞추려고 노력할 줄 아는 사람으로 변해갔다. 지금 생각해보면 나 또한 깎여야 할 부분이 많은 사람이었다. 사람은 사람에게 부딪혀야 다듬어진다는 말이 있다. 따뜻한 햇살 같은 사람만 만났더라면 못 배웠을 인생의 팁들을 그 선배가 알려준 셈이다.

그 시기를 겪으며, 나는 아빠의 삶을 처음으로 들여다보게 됐다. 아빠는 30년 동안 직장 생활을 하고 퇴직했다. 그렇게 긴 세월 동안 아빠는 단 한 번도 내 앞에서 상사에 대한 불만이나 직장 생활의 고단함을 토로하신 적이 없다. 내 기억 속의 아빠는 늘 인자하고, 따뜻했다. 속상한 마음을 숨기고 털썩 침대에 누워 억지로 잠을 청했을 그 모든 순간에도. 묵묵히 나를 위해, 방패가 돼 준 사람.

나는 왜 아빠가 맞았던 비바람이 어땠는지 물어본 적이 없었던 걸까. 내가 한 번이라도 그 분을 위로해준 적이 있었나. 아빠는 얼마나 외로웠을까.

"아빠, 밥 먹었어요?"

"딸! 밥 먹었지. 우리 딸은?"

아빠에게 모처럼 전화를 걸었다.

아버지가 가장 행복한 시간은
아들과 걷는 30분

"아빠가 돌아가셨대." 지금의 남편이자 당시엔 남자친구였던 그에게서 연락이 왔다. 장례식장에 갔다. 아버님은 생신을 하루 앞두고 돌아가셨다. 빈소에는 케이크가 놓여 있었다. 아버님의 직업은 경찰이었다. 어머님은 아버님을 '성실이 몸에 밴 사람'이라고 기억하셨다.

"옛날에는 시위가 많아서 경찰이 동원될 때가 많았어. 집에 와서 잠만 자고 갈 정도로 바빴다. 애 셋을 거의 내가 혼자 키웠을 정도로. 어느 날은 범인을 잡았는데 조사 중에 그 범인이 도망간 거야. 며칠 동안 잠도 안 자고, 새벽에도 추적하고, 밤낮으로 찾아 헤매다가 결국은 다시 잡았지."

아버님은 30년 동안 성실하게 근무하셨다. 열심히 돈을 벌어오면 어머님은 그 돈을 알뜰하게 아껴서 삼남매를 키우셨다.

한 가정의 든든한 울타리로 굳건히 서 계셨던 아버님은 그 시절 보통의 아버지들처럼 자식들과의 관계에 서툴렀다. 잘못된 행동은 호되게 혼내서 바로 잡으면서도, 좀처럼 사랑한다는 말은 입 밖으로 꺼내지 못했다. 다 자란 자식들은 아버지와 서서히 멀어져 갔다. 엄한 아버지의 손에서 벗어나고 싶다고도 했다.

"근데 아빠는 그게 속상했나 봐. 나도 몰랐는데, 누나가 대학교 다닐 때 아빠가 엄마한테 그랬대. 아이들은 왜 나를 싫어하냐고."

그 말을 하던 아버님은 어머님 앞에서 눈물을 보이셨다고 했다. 하지만 끝까지 자식들에게는 말하지 못했다. 나는 너희를 사랑하는데, 너희는 왜 나를 어려워하냐는 말을.

아버님은 어느 날 힘없이 쓰러졌다. 속이 안 좋은 줄로만 알았는데 병원에 가보니 이미 말기 암 상태였다. 자식들은 모두 충격을 받았다. 삼남매는 아버지를 모시고 가족사진을 찍으러 갔다. 그저 아버지가 조금이라도 곁에 더 있어주길 바랐다.

"아빠, 우리 운동하러 가요" 아들은 아버지와 아파트 단지를 걷기 시작했다. 그리고 처음으로 같이 셀카를 찍었다. 그날 찍은 사진은 액자에 끼워져 지금도 우리 서재에 놓여 있다. 아버님의 걷는 속도는 얼마 지나지 않아서 조금씩 느려졌다. 나중에는 조금만 걸으면 숨이 차서 집으로 돌아갔다. 하루가 다르게 야위어가는 아버지의 얼굴을 보면서, 가족들은 애써 담담하게 하루하루를 보냈다.

독한 약은 아버님의 육신이 가족들 곁에 조금 더 머무를 수 있게 해줬다. 하지만 기억까지는 잡지 못했다. 나중에는 사랑하는 막내아들의 얼굴도 알아보지 못하셨다고 한다. 암 선고를 받은 지 2년 만에 아버님은 하늘나라로 가셨다.

장례식 때, 빨갛게 충혈된 눈의 남편이 나왔다. 그는 몸에 맞지 않는 커다란 상복을 입고 있었다. 이제 막 서른을 넘긴 그는 아버지의 죽음을 맞이하기에 너무 어려 보였다. 남편이 평소처럼 옷을 입고, 앵커멘트를 준비하고, 카메라 앞에 서 있던 순간 아버님은 아들의 곁을 조용히 떠났다. 가족들은 뉴스 진행에 방해가 될까 봐 뉴스가 끝난 뒤에야 전화를 걸었다. "휘준아, 아빠 하늘나라 가셨어."

장례식장 안에서 그는 온종일 멍했다. 손님을 맞을 때는 잠깐씩 웃다가 손님이 가고 나면 다시 아무런 표정도 짓지 않았다. 화장터로 가는 버스 안에서 그는 한참을 창밖만 바라봤다. 아버님을 안은 관이 화장터로 가기 전, 안내원이 가족들에게 마지막 인사를 나누라고 했다. 남편은 그제야 소리 내 울기 시작했다.

"아빠 왜 이렇게 일찍 가… 뭐가 그렇게 급해…." 그의 울음소리가 실내를 울렸다. 아빠를 잃어버린 7살 어린아이처럼 그는 울부짖고, 절규하며 헐떡였다. "나랑 조금만 더 있다가 가지…."

아버님은 나를 보지 못하고 가셨다. 천국으로 가기 전 잠깐 며느리 얼굴을 보셨을지도 모르겠다. 직접 뵙지는 못했지만 나는 매일 아버님을 뵙고 있다. 서재에 진열된 사진 속 아버님은 항상 아들과 웃으며 아파트 단지를 걷고 있다.

그 웃음을 볼 때마다 느껴진다. 아버님은 아들과 함께 걷는 소중한 순간을 온전히 즐기고 계셨다. 아마 평소에도 아들의 뒷모습을 보며 많이 웃으셨을 것이다. 단지 아들이 눈치채지 못한 것일 뿐.

남편이고, 아버지기에
할 수 있었던 것들

경기도 동두천에 있는 한 카페 왔다. 앞치마를 두른 중년 남성이 흰 수건을 식탁에 깔고, 그 위에 키친 타올을 한 겹 덮었다. 깊은 그릇에 융 필터 두 개를 넣고, 뜨거운 물을 콸콸 부었다. 김이 모락모락 올라온다.

"쪼르륵" 물에서 융 필터를 건져 올렸다. '융 필터라….' 일본 여행을 하면서 융으로 커피를 내리는 건 몇 번 봤다. 그러나 국내 카페에서 본 일은 거의 없다. 융 필터는 커피의 오일 성분을 통과시키기 때문에 부드럽고 진한 여운이 오래 남는다. 장점이 있지만, 대중적으로 쓰이지 않는 것은 사용법과 보관법 모두 까다롭기 때문이다. "탁, 탁" 미리 준비해둔 타올로 필터를 감싼 뒤 양 손으로 두드려 물기를 꼭 짜냈다.

"잠깐 화장실 좀 사용할 수 있을까요?"

"네, 다녀오세요. 2층에 올라가면 교회 옆에 화장실이 있어요."

"아니, 목회를 하시다가 어떻게 카페를 여시게 된 거예요?"

"아, 그게… 사연이 있어요."

그의 직업은 바리스타이기 전에 목사였다. 2층에 있던

교회도 그가 운영하는 교회였다. 그는 목회를 하며 자기 자식과 조카를 함께 키웠다. 순탄하게 운영하고 있던 목회는 어느 시점부터 위기를 맞았다. "제가 몸이 안 좋아서 인공관절을 넣었는데, 재수술을 여러 번 하면서 건강이 많이 안 좋아졌어요."

연이은 수술로 인한 고통에 트라우마가 찾아왔다. 예전처럼 설교를 할 수 없게 되자 성도들이 하나 둘 교회를 떠나기 시작했다. 성도가 없는 교회는 돈이 나갈 일밖에 없었다. 교회의 월세와 전기세는 계속 나가는데, 수입이 끊겼다.

"그때 매일 그런 생각을 했어요. '나는 아버지가 되지 말았어야 했어', '나는 남편이 되지 말았어야 했어'라고요."

하루는 딸이 다니던 학교에서 중국으로 견학 가는 프로그램이 생겼다. 이런 특별한 행사가 생기면 다른 부모들처럼 돈을 대줄 수가 없었다. 딸은 같은 반 친구들이 중국에 가 있는 동안 함께 가지 못하고 한국에 있었다고 했다. "그 생각만 하면 아직도 마음이…." 그의 목소리가 잠겼다.

그는 다른 직업을 병행하기로 했다. 그렇게 찾게 된
제2의 직업이 바리스타였다. 트라우마를 겪던 그에게 커
피는 마음의 안식처가 돼줬다. '그래, 내가 커피를 좋아
하니까 제대로 공부해서 돈을 벌어보자.'

그는 교회 밑에 보증금 500만 원을 주고 작은 가게를
냈다. 집에서 쓰던 책장을 가져와서 찻잔을 진열하고, 테
이블과 의자도 한 개, 두 개씩 구해 와서 구색을 갖췄다.
커피를 더 깊게 공부해야겠다는 생각이 들어, 국내 1세
대 바리스타로 불리는 커피 전문가를 1년 동안이나 설득
했다.

그의 진심이 보였는지, 1세대 바리스타의 딸이 나서서
그에게 커피 내리는 기술을 직접 전수해줬다. 그는 아프
리카 농장에 가서 커피가 어떻게 재배되는지를 공부할
기회도 얻었다. 우연한 기회에 케냐 사람과 결혼한 손님
이 카페에 방문했는데, 그 인연으로 케냐에 숙소를 제공
받아 아프리카 커피 농장들을 돌아보고 왔다. 책으로는
배울 수 없었던 살아 있는 공부였다. 그는 직접 로스팅을

경기도 동두천 '진짜커피사랑이야기'의 바리스타가 내려준 융 드립 커피. 오직 가족들을 위해 다시 일어난 그가 온 마음을 다해 배운 커피의 맛은 묵직하면서 부드러웠다. 아버지들은 그런 것 같나. 소리 내 울지는 않지만 씁쓸함을 홀로 삼켜 무겁고, 다정한 말 한마디는 못하지만 눈빛은 부드럽다.

하면서 차츰 실력을 키웠다. "저는 후라이팬을 줘도 그걸로 커피를 잘 볶을 자신이 있어요. 후라이팬으로 볶는 연습을 많이 했거든요."

비싼 가구로 꾸며진 가게가 아니었음에도 그의 공간은 어느 가게보다 화려했다. 긴 세월 그가 온라인 경매에서 하나 둘 사서 모은 세계 각지의 커피잔들이 벽면을 가득 채우고 있었기 때문이다.

"저희 집에서 가장 좋은 잔이에요." 바리스타의 아내가 금테를 두른 흰 커피 잔 하나를 꺼내왔다. 전시된 잔들은 장식용이 아니라, 손님들에게 직접 대접하기 위한 잔들이다. "가끔 경매에 괜찮은 잔들이 나올 때가 있어요. 질도 좋고 예쁜데, 우연히 싸게 나오는 잔들은 제가 지켜보고 있다가 재빠르게 구입하죠."

마침내 커피가 나왔다. 잔을 가까이 가져오는 순간 나도 모르게 탄성이 나왔다. "와 사장님, 꽃향기가 나요. 마시지도 않았는데…" 바리스타도 다른 잔에 남은 커피를 부어 한 모금 마셨다. "크…" 여러 종류의 향이 차례대로 하나씩 펼쳐지는 느낌. 향이 입안을 빈틈없이 가득 메웠다.

그의 가게는 좁다. 긴 테이블 하나뿐이라 손님 6명이 들어서면 가게가 가득 찬다. 사람들이 많이 오가는 번화가에 위치한 것도 아니다. 그럼에도 이미 그의 커피를 알아보고 멀리서 찾아오는 단골손님들이 꽤 많다. 나 또한 그 소박한 가게에서 맛봤던 커피 향을 집에 돌아와서도 잊지 못했다.

좋은 아버지와 남편이 되고 싶다던, 그래서 꼭 괜찮은 바리스타가 되기를 소원했던 그의 진심이 더 먼 곳까지 닿을 수 있기를 진심으로 바랐다.

수치와 위로,
월급 명세서에 포함되어 있는 것

세상에 나와 돈을 벌기 시작한 지 10년. 나는 학생 때보다 더 많은 것들을 포착하는 능력이 생겼다. 칭찬 뒤에 가려진 능구렁이 같은 비웃음, 뒤돌아서 어떤 말을 할지 예상이 되는 침묵.

촉이라는 건 내가 수집한 경험치에 근거해 발동되는 것이라고, 누가 그랬다. 세상에 처음 나와 믿었던 말과 배신당한 기억들. 그것들이 이제는 거름망이 되어 번지르르한 말과 진심을 걸러준다.

나는 세상에 연약한 풀포기 상태 그대로 나왔다. 거칠게 쏟아지는 우박도, 날 선 추위도 느낄 수 없게 내 뒤에는 아빠가 버티고 계셨다. 안락한 집 안에서 나는 그저 열심히 공부해서 좋은 직장에 들어가면 인생이 저절로 활짝 펴지는 줄 알았다.

하지만 만 스물 네 살이 돼서야 깨달았다. 월급 명세서에는 모멸과 수치의 대가도 포함돼 있다는 사실을.

"이렇게 자르면 예쁜 줄 몰라서 다들 안 자르는 줄 알아요? 복도에서 손님들 보는데, 누가 머리 귀 뒤로 넘기라고 가르쳤어요?"
"죄송합니다."

승무원 시절, 선배가 단발로 자르고 온 내 머리를 손가락질하며 말했다. 밟혀도 아프다고 소리 낼 수 없는 신입 시절. 가뜩이나 일을 못해서 착한 선배에게도 폐를 끼치던 처지였다. 가끔은 내가 억울하다고 생각되던 때도 있었다. 그럴 땐 그냥 비행기 화장실로 갔다. 세면대를 틀어놓고 펑펑 울다가 다시 마음을 가라앉힌 뒤 안 운 척 눈물을 닦고 나왔다.

그 시절의 나는 운이 나빠서 못된 상사를 만난 거라고 생각했다. 한 10년 정도 남의 돈을 벌고 나니까 생각이 바뀌었다. 남의 돈을 버는 것은 그냥 힘들다. 그냥 나를 메모리폼 베개라고 생각하고 눌리면 못 이기는 척 눌렸다가, 나를 짓눌렀던 게 사라지면 언제 그랬냐는 듯 스르륵 돌아오는 괜찮은 쿠션이 되는 게 나았다. 부러지면 나만 아팠다.

어느 날 내가 물었다.

"아빠는 30년을 어떻게 버텼어요?"
"시간이 지나가면 다시 일하고 싶어도 일할 수 없을 때가 올 거야."

아빠가 나를 보더니 씨익 웃었다. 아빠는 정년 퇴직을 하고 난 후, 긴 시간 적적해하셨다. 처음 퇴직하셨을 때는 시원섭섭한 기분이 든다고 하셨다. 하지만 몇 년이 지난 뒤에야 속마음을 꺼내놓으셨다. 세상에서 더 이상 쓸모가 없어진 기분이 드는 게 힘들었다고 하셨다.

그때마다 아빠는 나를 보면서 마음의 위로를 받았다. 내가 TV에서 마이크를 들고 보도하는 걸 보면, 마치 자신이 뛰고 있는 것처럼 활기가 느껴졌다고 했다. "자식을 보면 원래 그래. 자식이 잘 되는 걸 보면, 내가 잘 되는 것 같지."

아빠에게도 꿈이 있었다. 직장은 고맙게도 그 꿈을 이뤄주는 동반자 역할을 했다. 퇴직을 하고 난 뒤, 아빠는 도서관을 출근하듯 오갔다. 요양보호사 자격증을 취득해 치매공공후견인으로 활동하며 치매에 걸린 어르신을 돌봤다. 때로는 중학생들이 꿈을 찾을 수 있게 도와주는 진로 강사로 봉사활동을 다니기도 하셨다.

누군가에게 필요하고, 쓸모 있는 존재가 된다는 것이 주는 위로. 그 위로가 월급 명세서에는 담겨 있다. 때로는 나를 옭아매는 사슬 같고, 보기 싫은 사람도 있는 지긋지긋한 공간이지만 동시에 내가 살아 있다는 느낌을 주는 참 묘한 공간. 내게도 직장은 그런 곳이었다.

뒤늦게라도 아빠의 서글픔을 이해할 수 있어서 감사했다. 나도 서투른 딸이라, 간지러운 말은 아직도 어렵다. 대신 이번에도 전화를 걸었다.

"아빠, 또 도서관이에요?"

아빠는 늘 나를 바라보고 있었다.
내가 돌아보지 않았을 뿐

어린 시절 찍어둔 비디오가 있다. 아빠와 나는 어느 공원에서 달리기 시합을 하고 있다. 아빠는 작은 나의 보폭에 맞추어 종종 걸음으로 달렸다. 비디오를 찍고 있는 엄마에게 달려오며 내가 말했다. 아빠는 조금 뒤에서 달려오며 나를 위해 일부러 지는 척했다.

"내가 1등! 다시 뛰어."

"다시 뛰어?"

"응!"

신난 내가 다시 뛰자고 재촉했고 우리는 한 바퀴 더 뛰러 갔다. 아빠 곁에 서서 짓던 나의 환한 웃음은 사춘기 시절을 기점으로 조금씩 사라져 갔다.

아빠는 직장 때문에 엄마와 주말 부부 생활을 했다. 아빠가 집에 있는 시간보다 없는 시간이 더 많아지면서 부녀의 관계는 서먹해졌다. 나는 모처럼 주말에 집에 내려온 아빠를 반길 줄 모르는 딸이 돼 있었다. 인사만 대충 하고 공부한다는 핑계로 방에 들어가서 나오지 않았다. 종종 아빠와 나는 성적을 주제로 대화를 나누기도 했다.

"요즘은 힘든 것 없니?" 주로 아빠가 먼저 말을 건네서 시작되는 대화였다. 아빠는 듣는 귀가 있으셨다. 내 말을 처음부터 끝까지 다 들을 준비가 돼 있었다. 그럴 때면 나는 한 시간 넘게 아빠와 대화를 나누곤 했다. 그러면 못 보는 동안 쌓였던 서먹함이 다시 풀리곤 했다. 가끔은 나를 데리고 근처 아파트로 나가서 산책을 하기도 했다. 수험생이던 나는 종종 아파트 단지 안에서 줄넘기를 했고, 아빠는 그런 내 모습을 보며 옆에서 "하나, 둘, 셋, 넷" 줄넘기 횟수를 세어주셨다.

힘든 회사 일을 마치고 잠깐 주말 동안 집에 내려온 그 시간, 아빠는 최선을 다해서 나와 시간을 보내려고 노력했다. 그럼에도 나는 아빠에게 살갑지 못했다. 아빠가 회사로 떠나고 우리의 거리가 멀어지면, 나는 또다시 아빠와 서먹해졌다. 때마다 아빠가 내미는 손을 밀치지는 않았지만, 내가 먼저 손을 내밀 줄은 몰랐다.

그렇게 나는 어른이 되었다. 그사이 아빠의 목에는 굵은 목주름이 하나 둘 늘어가고 있었다. 그리고 회사에서는 이제 더 이상 나오지 않아도 된다며, 정년퇴직을 선물했다. 무뎌진 창과 방패를 들고 아빠는 쓸쓸히 집으로 돌아오셨다. 그 집에 나는 없었다. 세상에서 한창 나의 창과 방패로 내 인생을 개척하기에 바빴다. 퇴직을 맞은 아빠의 쓸쓸함을 외면한 채, 나는 내 인생 살기에 바빴다.

"아영아, 잘 지내?"
"네, 잘 지내요. 아빠는요?"
"나는 잘 지내. 요즘은 도서관에 자주 가곤 해."

가끔 아빠의 전화가 걸려오면 나는 무뚝뚝하게 받았다. 일하고 있을 때는 바빠서 무뚝뚝했고, 쉬고 있는 시간에는 피곤해서 무뚝뚝했다. 지금 생각해보면 아빠의 마음은 허했을 것이다. 30년을 매일같이 출근했는데, 이제는 더 이상 갈 곳이 없어졌으니까. 그러나 아빠는 허하다거나 힘들다는 말을 하지 않으셨다.

그냥 아빠는 나의 일상을 궁금해했고, 아빠의 일상을 공유하려 하셨다. 때로는 나에게 힘을 주려고 하셨다. 하지만 나는 아빠에게 기대려고 하지 않았고, 아빠의 버팀목이 돼주려 하지도 않았다. 나는 그저 그런 못난 딸이었다.

어느 날, 시아버지께서 돌아가셨다. 그때는 지금의 남편과 결혼하기 전이었기에 그 분이 내 시아버지가 되기 전이었다. 얼굴도 보지 못한 아버님의 장례식장에서 내 남자친구가 통곡하는 모습을 보며 처음으로 죽음이라는 것이 가까이 와닿았다.

혼자 남은 어머니를 챙기기 위해 자식들은 그때부터 하나가 되었다. 40년 동안 곁에 있었던 누군가가 떠났을 때의 공허함은 누구도 온전히 헤아릴 수 없고, 해줄 수 있는 것도 없다. 다만 그 옆에 있어주는 것밖에는. 삼남매는 돌아가면서 어머니를 찾아뵙고, 그 빈자리를 채웠다.

남편은 누나들과 돈을 저축해 큰 병원에서 어머니의 종합건강검진을 받게 해드렸고, 나 또한 우리 부모님의 건강검진을 신청했다. 비싸다며 한사코 받지 않으시겠다고 하셨지만 안심할 수 없었다.

거짓말로 비용을 적게 말씀드리고 검사를 진행했는데 충격적인 결과가 나왔다. 아빠의 심장에 있는 혈관 중 하나가 절반 정도 막혀 있었다. 동맥경화였다. 의사는 두 달 동안 약을 먹으면서 경과를 지켜보고 수술 여부를 결정하자고 했다.

아빠가 내 곁을 떠날 수도 있다는 것은 세상에 태어나 한 번도 상상해보지 못한 일이었다. 늘 내 곁을 듬직하게 지키고 서 있던 아빠가 어느 날 조용히 사라질 수도 있다는 걸 나는 그 결과를 받아 보고서 실감했다.

"아빠, 나랑 여행 가요." 나는 아빠를 모시고 후쿠오카로 여행을 떠났다. 아빠와 둘이서 가는 여행은 처음이었다. 돈 쓰지 말라면서 이번 여행 또한 아빠는 한사코 거절했지만 나는 일방적으로 티켓을 예약해버렸다.

당시 나는 8년 동안 사회생활을 하면서 조금씩 아빠의 마음이 어땠을지 알아가던 중이었다. 아빠는 나를 위해 30년 동안 직장 생활을 견뎠다. 얼마나 모진 시간들인 줄 알기에, 나는 이제라도 아빠를 위로하고 싶었다.

2박 3일의 여행 동안 나는 이제껏 보지 못했던 아빠의 새로운 모습을 봤다. 열차를 타고 가는 내내 아빠는 호기심 어린 눈으로 창밖을 바라보셨다. 아빠는 하나의 이야기가 끝나면 또 다른 이야기를 물어보고, 나의 생각과 자세한 근황을 듣고는 즐거워했다. 아마도 우리 아빠는 내 인생을 가장 궁금해하는 사람일 것이다. 생각보다 수다스러웠고, 생각보다 많이 웃는 사람이었다. 그 모습을 보며 내가 얼마나 아빠를 몰랐는지 알게 됐다.

마지막 날, 후쿠오카에는 눈이 펑펑 내렸다. 가끔 비로 바뀌었다가 다시 눈이 쏟아졌다가. 궂은 날씨 속에 어디를 가야할지 고민하다가 우리는 후쿠오카성을 가보기로 했다. 언제 찾아올지 모르는 이 소중한 시간을 1분이라도 그냥 보내고 싶지 않았다. 우리는 우산을 하나 사들고 거리를 걷기 시작했다. 아빠는 우산이 무겁다며 자신이 들겠다고 하셨다. 내 어깨는 충분히 비를 맞지 않고 있는데도 우산은 자꾸 내 쪽으로 기울었다.

"아빠, 나 괜찮아. 아빠 쪽으로 우산 좀 가져가요." 나이가 들면서 살이 빠지고, 예전만큼 힘도 세지 않은 우리 아빠였지만, 아빠는 여전히 나를 보호하려 하셨다. 후쿠오카 성에 도착했을 때 나는 빗물에 미끄러질까 봐 아빠의 팔을 꼭 잡고 계단을 올랐다. 다섯 살의 나와 공원에서 보폭을 맞추며 함께 뛰어주던 것처럼 아빠는 여전히 든든하게 내 곁을 지켜주고 있었다.

만약 내가 용기를 내지 않았더라면, 그래서 아빠와 단둘이 여행할 기회를 놓쳤더라면 어땠을까. 그랬다면 아빠의 천진난만한 미소를 놓쳤을 수도 있다. 아빠는 여전히 나를 지켜주고 싶어 하고, 나와 대화하고 싶어 하고, 나를 사랑하고 있음을 이렇게 가까이서 깨닫지 못했을 수도 있다.

후쿠오카를 갔던 것은 사실 중요하지 않았다. 아빠의 곁으로 내가 다가가면, 아빠의 그런 모습을 더 많이 볼

아빠와 단 둘이 떠났던 후쿠오카 여행. 어른이 된 나와
아빠의 여행은 너무나 특별했다. 아빠는 언제고 나와 수다
떨고 함께 걸을 준비가 되어 있었다. 내가 그걸 보지 못했
을 뿐.

수 있다는 걸 비로소 깨닫게 됐다는 것이 중요했다. 그걸 나는 만 서른네 살이 되어서야 알게 되었다.

첫 번째 걸음_ 잃었던 행복을 찾아서 (대만에서)

방황이라고 쓰고 성장이라고 읽는다

상호: Irga Coffee

주소: No. 3號, Lane 9, Lishui St, Da'an District, Taipei City, 대만 106

메모: 이 가게는 커피 코스를 판다. 흔히 말하는 '커피 오마카세' 집. 커피 코스를 주문하면 여러 종류의 더치 커피가 순서대로 한 잔씩 나오는데, 차갑게 얼려진 작은 잔에 담겨 나온다. 그냥 시음만 하는 것이 아니라 사장님이 유창한 영어로 맛에 대한 설명을 곁들여주기 때문에 커피를 잘 알지 못했던 나도 새로운 지평이 열렸던 곳.

내 인생의 박자에 맞춰 걸을 것

상호: COFFEE HO

주소: Datong District, Lane 155, Nanjing W Rd, 33號2樓 Taipei

City, 대만 103

메모: 고즈넉한 분위기에서 커피를 즐기기 좋은 곳. 바이크샵 2층에 위치해 있어서 자칫 지나치기 쉽다. 1층 바이크샵은 바리스타의 가족이 운영하는 곳으로, 가게에 들어가면 카페로 올라가는 계단이 어디 있는지 친절하게 안내해준다. 개인적으로는 정성스럽게 내려주셨던 사이폰 커피가 기억에 남는다. 이 가게에 오는 손님들은 사이드로 푸딩을 많이 시켜 먹는다.

미뤄둔 여유를 찾아서

상호: Secret Kasasagi Coffee Roasters by reservation only

주소: No. 19號, Alley 3, Lane 236, Section 5, Zhongxiao E Rd, Xinyi District, Taipei City, 대만 110

메모: 예약제로 운영되는 가게. 카운터석이 넓고 쾌적하기 때문에 혼자서 조용히 책을 보거나 커피를 맛보기에 좋다. 평소 좋아하는 향의 커피를 말하면, 바리스타가 추천해준다. 커피를 내리기 전, 분쇄한 원두를 통에 넣고 흔들어서 안에 응어리진 향을 손님이 직접 맡아볼 수 있게 해준다.

내가 마실 커피가 어떤 향인지 미리 알려준다는 점이 특이하다. 바리스타의 전문성과 세심함이 돋보였던 카페.

인연은 예상치 못한 곳에서 튀어나온다

상호: SUCRÉ BEANS Coffee Roasters

주소: No. 26號, Lane 165, Section 1, Xinsheng S Rd, Da'an District, Taipei City, 대만 10656

메모: 부부가 운영하는 카페로 유리로 된 작은 공간에서 수준급 커피를 제공한다.

바리스타가 직접 로스팅한 원두를 쓰는데, 상큼한 향을 좋아하는 나는 이 가게에 갈 때마다 원두를 구매했다. 특히 커피 토닉이라는 메뉴가 있는데 맛과 생김새가 독특해서 인기가 많다. 개인적으로 젤라또도 맛있었던 기억이. 대만 날씨의 특성상 비가 자주 오는데, 그럴 때 유리로 된 이 가게에 방문하면 낭만이 있다. 투둑투둑 떨어지는 빗소리를 들으며 마셨던 따뜻한 커피 한 잔의 맛을 잊을 수가 없다.

안녕하세요? 지옥에서 이사 왔습니다
상호: TERRA Bean to Bar Chocolate
주소: No. 7號, Wenzhou St, Da'an District, Taipei City, 대만 106
메모: 초콜릿 진열대가 있는데, 시식해볼 수 있도록 작은 조각들을 통에 담아 놓았다. 내가 방문했 때는 대만, 베트남, 탄자니아, 콜롬비아, 페루 등 다양한 원산지의 초콜릿을 팔고 있었다. 아이스 초콜릿 음료도 맛있어서 초콜릿을 좋아한다면 방문해볼 가치가 있다.

당신의 일에 무엇을 담고 있나요
상호: RockyDoggy Coffee Store
주소: No. 62號, Lane 415, Guangfu S Rd, Xinyi District, Taipei City, 대만 11073
메모: 사장님이 커피를 내리다가 가끔 특유의 방식으로 커피를 맛 보는데, 그 과정을 지켜보는 것도 흥미롭다. 가게 수입의 3%를 유기견을 위해 기부하고 있을 만큼 강아지 사랑에 진심이다. 카페라떼를 주문하면 귀여운 강아지 그림을 그려주는데, 맛 자체도 좋아서 단골 손님들이 꽤 있는 편. 가게에 강아지를 데리고 들어가도 된다.

세상에서 가장 빼앗기기 쉬운 것
상호: CHENGPION Tea House
주소: No. 49, Tianshui Rd, Datong District, Taipei City, 대만 103

메모: 찻잎을 파는 가게. 사장님이 직접 대만의 차 밭을 돌며 선별해 온 우롱차를 맛볼 수 있다. 사장님이 영어를 잘하고 손님들과 대화하는 걸 좋아하기 때문에, 차에 대한 지식 뿐만 아니라 다양한 주제로 대화를 나눌 수 있었다. 시음 신청을 하면 대개 1시간 동안 3종류의 우롱차를 맛보게 해주는데, 한 번에 한 팀만 받기 때문에 차분한 분위기에서 차에 집중할 수 있다. 찻집이 아니라 차 가게이기 때문에 별도의 디저트는 나오지 않는다. 예약은 필수.

두 번째 걸음_ 나에게 소중한 것들을 찾아서 (일본에서)

. . . .

지금도 삶은 한 조각씩 지워지고 있다

상호: CAFÉ de JIKAN

주소: 〒001-0019 Hokkaido, Sapporo, Kita Ward, Kita 19 Jonishi, 6 Chome-1-19 赤い屋根の古民家

메모: 홋카이도 대학 근처에 가면, 고동색 벽면에 빨간 지붕이 얹어진 단독 주택을 발견할 수 있다. 가게에 시계가 많이 걸려 있다. 본문에 소개됐던 공간은 좁은 복도를 따라 들어가면 등장한다.
창밖 풍경을 감상하는 걸 좋아하는 분께 추천. 가게 2층에 올라가면, 벽을 따라 화려하게 장식된 시계들을 볼 수 있다. 주인장의 미소가 온화했고, 크레페가 맛있었던 가게.

사랑하는 일을 하는 사람은 그 분위기도 다르더라

상호: 히이라기(ひいらぎ)

주소: 〒810-0044 Fukuoka, Chuo Ward, Ropponmatsu, 3

Chome-16-33 グランドソレイユ護国神社前 1階

메모: 드립커피가 참 맛있고, 선반에 진열된 잔들을 구경하는 재미가 있는 가게. 커피를 마시기 전 마음에 드는 잔을 고르면 그 잔에 마실 수 있도록 해준다는 것도 장점. 운영한 지 약 50년 됐다고 한다. 그래서인지, 사장님이 커피를 내리는 모습에서 연륜이 느껴진다.

오호리 공원에서 걸어서 10분 정도 거리에 있다.

상호: Coffee Shop Ishihara

주소: 341 Tenjinmaecho, Shimogyo Ward, Kyoto, 600-8459

메모: 교토에서 소박하고 아늑한 느낌의 카페를 찾는다면 가볼 만한 곳. 1980년대에 문을 연 가게로 나이 지긋한 사장님이 자신의 집을 개조해 혼자 운영하신다. 메뉴는 단순하지만, 직접 내려주시는 드립 커피가 맛있다. 사장님과 영어로 소통이 가능하다. 운영한 지 오래된 만큼 단골 손님이 많은 집.

내 발목의 체인은 무엇이었을까

상호: Sarah TEA TIME

주소: 〒810-0023 Fukuoka, Chuo Ward, Kego, 2 Chome-18-13 オークビル1

메모: 스콘이 정말 맛있는 가게. 이 가게 스콘을 먹으러 일부러 찾아오는 손님이 있을 정도. 사장님이 영국에 본사를 둔 '카멜리아 티 하우스'의 홍차를 좋아하셔서 해당 브랜드의 차가 많다. 유리병 안에 찻잎을 소분해뒀기 때문에, 미리 시향해볼 수 있다. 일부러 테이블 간격을 여유있게 배치했다. 손님들이 차를 마시고 담소를 나누며 온전히 즐기다 갈 수 있도록.

인생을 좋아하는 것들로만 가득 채운다면

상호: 67焙煎所

주소: 〒176-0013 Tokyo, Nerima City, Toyotamanaka, 3 Chome-14-12 グリーンコーポ豊玉

메모: 도쿄의 네리마구의 주택가에 위치한 카페. 운이 좋으면 사장님이 통돌이 로스터기로 생두 볶는 모습을 구경할 수 있다. 가을 같은 선선한 날씨에 문을 열어두고 로스팅을 한다면 원두의 향기가 골목에 은은하게 퍼지기도 한다. 고소한 맛이 일품인 커피를 파는 곳. 도쿄의 번화가와 다르게 여유로운 분위기를 즐길 수 있다는 것도 장점이다. 차로 10분 거리에 해리포터를 테마로 한 '워너 브라더스 스튜디오'가 있어서 함께 둘러보기 좋다.

꼭 더 올라가야 하나요?

상호: Mitsuyasu Seikaen Tea Leaf Shop

주소: 〒812-0035 Fukuoka, Hakata Ward, Nakagofukumachi, 8-1 グランフォーレプライム博多

메모: 약 300년된 일본의 차 가게. 일본 녹차를 종류별로 맛보고 싶은 분께 추천한다. 개인적으로 이 곳에서 파는 교쿠로 차를 좋아한다. 찻잎을 파는 가게라서 그냥 차만 사가는 사람들도 있지만, 잠시 앉아서 차를 마시고 가는 것도 좋다. 함께 주는 말차 초콜릿이나 젤리도 맛있다.

우려내는 온도에 따라 달라지는 녹차처럼

상호: 抹茶八女茶の大石茶園OISHI TEA FACTORY

주소: 1071 Murooka, Yame, Fukuoka 834-0066

메모: 광활한 차 밭을 갖고 있는 가게. 일본 3대 녹차 생산지로 알려진 야메시에 있다. 선선한 날씨에 방문하면 창문 없이 탁 트여 있는 2층

테라스에 앉아 정면에 펼쳐진 차 밭을 구경할 수 있다. 직원의 말에 따르면, 4, 5월에 나오는 찻잎이 최상급. 교쿠로 차도 맛있지만 말차 가루가 특히 인기 품목이다.

화려한 사람보다 편안한 사람이 되길

상호: Saryo Yamashina

주소: J〒810 – 0042 Fukuoka, Chuo Ward, Akasaka, 1 Chome-5-3 オクターブ赤坂ビル2階

메모: 이 가게는 차와 디저트를 만드는 전문 직원이 따로 있는데, 각자 맡은 분야에 전문 지식이 있다. 녹차 그 자체도 맛있지만 여러 가지 재료로 블렌딩해서 줄 때도 있다. 센차에 현미를 넣어 우리기도 하고, 호지차에 레몬그라스를 넣기도 한다. 디저트가 특히 인상적인데, 내가 먹었던 딸기 케이크의 경우 자스민과 현미, 우롱차를 섞어 만든 시트지를 사용했다. 세련되고 깔끔한 공간. 천천히 시간을 보내기 좋은 곳.

세 번째 걸음_ 나를 살게 하는 것들을 찾아서 (베트남에서)

낯선 삶으로 빨려들어간 작은 기적

상호: SẾU the tearoom – contemporary matcha bar and specialty coffee

주소: 01 Mỹ An 6, Bắc Mỹ Phъ, Ngũ Hanh Sơn, Đa Nẵng 550000

메모: 가게가 편안하게 꾸며져 있어서 커피나 차를 마시며 책을 읽기에 좋다. 동네 청년들에게도 인기가 많다. 가끔 가게에서 작은 파티를

열기도 하는데, 그 때는 손님들이 좋아하는 음식을 가져와서 함께 먹고 마신다고 한다. 말차와 커피도 맛있고, 직원들도 친절해서 개인적으로 다낭에서 가장 좋아하는 가게로 꼽는다. 다정한 공간이라는 표현이 어울리는 가게.

나에게 필요한 건 느리게 걷는 연습이었다

상호: Uncle huan coffee

주소: 675 Đ. Hai Ba Trưng, Phường Minh An, Hội An, Quảng Nam

메모: 호이안 풍경을 구경하며 커피를 마시고 싶을 때 방문하면 좋은 가게. 테라스에 앉아 시간이 천천히 흐르는 풍경을 보고 있으면 바쁜 일상에서 잠시 빠져나올 수 있다. 에그 커피 위에 그려주는 그림이 환상적이다.

자유로움은 행복의 필요충분조건이 아닐까

상호: Bơ Gơ Coffee

주소: 220 Trưng Nữ Vương, Bмnh Thuận, Hải Cнвu, Đa Nẵng 550000

메모: 가게 주인의 집을 개조해 운영하는 가게. 그래서 그런지, 마치 집처럼 편안한 느낌이 든다.

가게에 들어서면 친절한 주인과 두 마리의 귀여운 강아지가 반겨주고, 공간이 감각적으로 꾸며져 있다. 다낭 현지 주민들의 잔잔한 일상 속에서 함께 호흡하는 느낌이 들어 기억에 남았던 곳.

남편이고, 아버지기에 할 수 있었던 것들

상호: 진짜커피사랑이야기

주소: 경기도 동두천시 생연동 713 5번지 (2025년 7월 이후, 장소 이전 가능성 있음)

메모: 커피 코스를 내주는 '커피 오마카세' 가게. 독일과 일본 등 유명 브랜드의 찻잔이 가게 벽면을 화려하게 장식하고 있는데, 사장님이 오랜 시간에 걸쳐 하나 둘 모은 것이라고. 융드립 커피가 맛있다. 개인적으로 이 가게의 자몽푸딩을 좋아한다. 자몽을 한 알씩 떼서 만든, 정성이 많이 들어간 디저트.

모든 걸음에는 이유가 있다
ⓒ 김아영

초판 1쇄 발행 | 2025년 3월 19일
초판 2쇄 발행 | 2025년 4월 4일

지은이 | 김아영
책임편집 | 김다미
콘텐츠 그룹 | 배상현, 김아영, 박화인, 기소미
북디자인 | STUDIO 보글

펴낸이 | 전승환
펴낸곳 | 책 읽어주는 남자
신고번호 | 제2024-000099호
이메일 | bookpleaser@thebookman.co.kr

ISBN 979-11-93937-56-3 (03190)

· 북플레저는 '책 읽어주는 남자'의 출판 브랜드입니다.
· 이 책의 저작권은 저자에게 있습니다.
· 저작권법에 의해 보호를 받는 저작물이므로 저자와 출판사의 허락 없이 무단 전재와 복제를 금합니다.
· 이 책의 일부 또는 전부를 재사용하려면 반드시 저작권자와 출판사 양측의 동의를 받아야 합니다.
· 책값은 뒤표지에 있습니다.